Originalausgabe

1. Auflage 2022
(c) Edition Frankfurter Ansichten, 2022

Illustration
Anna Hofmann

Satz
Kathrin Baumgartner

Schriften
Bebas Neue, Ryoichi Tsunekawa
HG Grotesk, Alfredo Marco Pradil
Nimbus Roman No 9, URW Studio

Druck
Mach Druck, Frankfurt am Main

Printed in Germany

ISBN
ISBN 978-3-00-073347-5

frankfurteransichten.net

Matthias Arning

RADLERS TRAUM FRANKFURT

**mit Illustrationen von
Anna Hofmann**

Edition
Frankfurter
Ansichten

„Fahren Sie Fahrrad für die Gesellschaft. Oder tun Sie es für sich selbst und für niemanden sonst. Dem Fahrrad ist das egal. Es tut einfach seinen Dienst, so wie es das immer getan hat. Und immer tun wird."

Mikael Colville-Andersen, Publizist, Radfahrer, Kopenhagen

Inhaltsverzeichnis Inhaltsverzeichnis Inhaltsverzeichnis Inhaltsverzeichnis

Inhaltsverzeichnis

RADLERS
TRAUM

Frankfurt ist die ideale Stadt für Radfahrer. Eigentlich. Viel überschaubarer als Berlin, flacher als Stuttgart, grüner als Düsseldorf. Prächtige Voraussetzungen also für die ideale Fahrradstadt.

Wenn da nicht all die Autos wären. Wenn eine Fahrt über Frankfurts Hauptverkehrsstraßen keiner Kamikaze-Tour gliche, wenn haarscharf vorbeirasende Laster und plötzlich aufgerissene Autotüren der Vergangenheit angehörten. Wenn Radfahrer ihre Nebenrolle auf holprigen Straßenrändern aufgeben könnten, wenn die rar gesäten Radwege nicht wahlweise zugeparkt wären oder einfach im Nichts endeten. Kurz gesagt: Wenn Radlers Traum endlich wahr würde.

Der Traum von der fahrradgerechten Stadt: Frankfurt am Main. Radfahren macht nicht nur das Klima glücklich, sondern auch den Radler. Schließlich kann man seine Stadt und ihre schönsten Ecken auf dem Rad ganz anders erleben. Gefühle der Freiheit verspüren: Freie Fahrt für freie Radler. Wie wusste schon John F. Kennedy: „Nichts ist vergleichbar mit der einfachen Freude, Rad zu fahren." Zumal in Frankfurt am Main nicht. Wenn sich Radlers Traum erfüllt.
Da bringt die kleine Großstadt und immer wieder beschworene Stadt der kurzen Wege nicht nur per se beste Voraussetzungen mit. Frankfurt kann auch an eine verschütt gegangene Tradition anknüpfen: An die rauschenden Fahrten von August Lehr, der im Dress des 1881 gegründeten Frankfurter „Bicycle-Clubs" Ende des 19. Jahrhunderts auf der Bahn im Palmengarten Erfolg für Erfolg feierte – mit dem roten Adler auf der Brust. An legendäre Sechstagerennen in der Festhalle. An das Radrennen „Rund um den Henninger Turm", das heute „Frankfurt-Eschborn" heißt.

Zu dieser Tradition gehört auch die Erinnerung an die überregional bedeutende Produktion von Fahrrädern in den Adlerwerken im Gallus und den dort geprägten Slogan: „Frankfurter Radler fahren Adler". An das Wirken des frühen Frankfurter Rad-Enthusiasten und Pioniers Heinrich Kleyer, der beeindruckt von den Anfängen des Fahrrad-Booms im fernen Amerika vor mehr als 140 Jahren den „Bicycle Club Frankfurt" gründete. Der Wegbereiter des ersten Bike-Booms ermunterte Interessierte, zunächst hinter verschlossenen Türen das Fahren mit den neuen Vehikeln zu üben **(Kapitel 3)**. Denn: Radfahren kann man nicht von Geburt an. Radfahren muss man lernen. Wie Schwimmen.

Einmal gelernt, kann man es ein Leben lang. Da macht einem keiner was vor. Radfahren macht selbständig, erweitert den Horizont. Mutige Frauen wagten sich Ende des 19. Jahrhunderts auf zwei Räder: etwa die in Frankfurt lebende Malerin Ottilie Roederstein **(Kapitel 4)**. Eine Sensation und eine wahrlich befreiende Erfahrung zu einer Zeit, in der sich bürgerliche Frauen in Korsetts zwängen sollten.

Frankfurt, das zeigt das Buch, ist in seinem Innersten Fahrradstadt und war es schon immer. Eigentlich. An diese Tradition lässt sich anknüpfen. Doch bis dahin ist es noch ein Stück Weg. Auf dem sich die wahren Rad-Heroen nicht von den Unebenheiten des Radwegs an der Theodor-Heuss-Allee, den Löchern an der Ludwig-Landmann-Straße und den Frostschäden auf der Mainzer Landstraße abhalten lassen.

Denn Frankfurt ist nach wie vor eine Autostadt. Und die Hügelstraße das Einfallstor für Mobilisten aus den nördlichen Vororten. Für die Hunderttausenden von Pendlern, die sich jeden Tag im Stau durch die Stadt quälen **(Kapitel 6)**. Sie kennen die Hügelstraße nicht als Vorgeschmack auf die herrlichen Bauten der Gartenstadt Eschersheim, sondern allein als zügige Verbindung zur Eschersheimer Landstraße. Das Buch beschreibt, wie Frankfurt nach dem Ende des Zweiten Weltkriegs zur Autostadt geworden ist.

Die amerikanischste Stadt Deutschlands baute sich nach den Zerstörungen des Krieges rund um den Fetisch Auto wieder auf. Die autogerechte Stadt galt als Beweis des wirtschaftlichen Wunders in einem Land, das sich nach den Verbrechen der NS-Zeit und dem Kriegsende auf die ertragreiche Branche stürzte und Frankfurt am Main 1951 zum Ort der „Internationalen Automobil-Ausstellung" gemacht hatte. Das ist längst vorbei, die Automesse hat sich nach München verabschiedet. Frankfurt stellt jetzt das Fahrrad ins Rampenlicht einer großen Show – im Juli 2022 eröffnete in der Stadt am Main die erste „Eurobike", die weltgrößte Fahrradmesse. Und demonstrierte mit mehr als 60.000 Besuchern, welche Bedeutung das Fahrrad inzwischen einnimmt.

Metropolen wie New York, Paris und Barcelona bauen beherzt im Sinne der Radfahrer um. Die Millionenstädte preisen das Fahrrad als Schlüssel einer neuen Epoche. Und auch in Frankfurt träumen Velofahrer nach dem Radentscheid von der Verkehrswende. Von eigenen Spuren für Radfahrer und dem Ende der „autogerechten Stadt" **(Kapitel 1)**.

„Radlers Traum" stellt passionierte Rad-Aktivisten und Fahrradfreaks vor **(Kapitel 2)**. Selbstredend geht es dann um sichere Wege. Um Radstreifen und Bürgersteige. Aber auch um Tüftler wie Michael Müller, der in seiner Freizeit an Rädern schraubt. Für die Ästheten unter den Radfahrern. Für Athleten, die etwas Anspruchsvolles suchen. Die ein

Rad nicht allein für den alltäglichen Gebrauch zu schätzen wissen. Für Elisa, die radfahrende Kurierin, ist ihr Fahrrad „magische Materie". Von einem erhöhten Sitz aus bietet sich für sie ein andrer Blick auf die Stadt am Main.

Adela hat sich für ein robusteres Modell entschieden. Schließlich nutzt die Bankerin, die im Namen einer französischen Bank aus Bukarest nach Frankfurt kam, ihr Rad abends gerne für Touren an der Peripherie der Stadt. Nachdem sie tagsüber in ihrem Geldinstitut die Zahlen kritisch unter die Lupe genommen hat, bekommt sie so das Gefühl, jetzt fange alles noch mal ganz neu an. Zumindest für den Rest des Tages. Frankfurt am Main findet sie wunderbar – wenn da nur nicht diese „unglaublichen Mengen an Autos" wären.

Und was, setzt der Frankfurter an diesen Punkten hinzu, könnte man mit all dem (Park-)Platz anfangen? Was mit zugestellten Grünflächen und Alleen? Inzwischen ist die Zeit gekommen, Frankfurt neu zu definieren, ein anderes Selbstverständnis als „das Frankfurter Kreuz" zu entdecken: den Mittelpunkt Europas als Herausforderung anzunehmen, für die radikale Verkehrswende (Kapitel 7). Dazu gehört Radlers Traum: der Traum von der fahrradgerechten Stadt, von der aus sich Radfahrer auf Schnellstrecken ihre Wege nach Darmstadt, Hanau, Offenbach und Bad Homburg bahnen. In dem Pedalisten ihren Freiheitsdrang ausleben können – und alles, was einen Frankfurter sonst noch ausmacht.

Radfahren verbindet sich mit einem neuen Lebensgefühl. Ähnlich vielleicht wie es der Talking Heads-Sänger David Byrne in seinem „Bicycle-Diary" nach seinen Radtouren durch verschiedene Städte der Welt beschrieben hat: „Sich mit dem Fahrrad durch eine Stadt zu bewegen ist wie das Navigieren durch die kollektiven Nervenbahnen eines riesigen globalen Gehirns."

Warum Frankfurt eigentlich die ideale Fahrradstadt sein könnte

ÜBER DIE SEHNSUCHT NACH EINER VERKEHRSWENDE

Sommermärchen 2022

Fahrradfreundlich mit Note 4

Überholte Ansichten

Gesprächsbedarf

Verkehrswende

Folgenschwerer Unfall

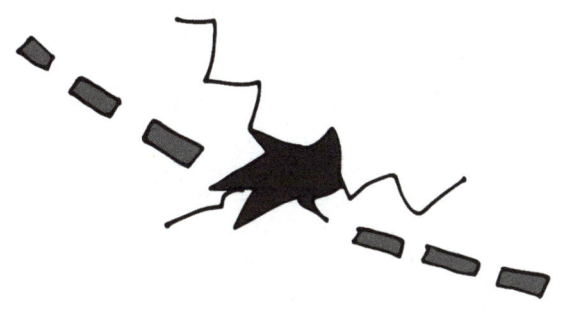

Den Broadway kappen

Sommermärchen 2022

Tausende Radler fahren über die Autobahn von Frankfurt nach Wiesbaden. Wo sich sonst Laster gegenseitig überholen, steuern sie auf dem breiten Asphaltband die Landeshauptstadt an. Ein ganz besonderes Erlebnis: Der kilometerlange Fahrradkorso demonstriert für eine andere Mobilität: 70.000 Unterschriften sind per Lasten-Bike auf dem Weg nach Wiesbaden zum hessischen Verkehrsminister. Ein starkes Signal. Für die Verkehrswende.

Kurz zuvor in Frankfurt: Die erste Euro-Bike geht zu Ende. Die größte Fahrradmesse der Welt. Ausgerechnet in Frankfurt. Der Stadt, die beinahe 70 Jahre lang Dreh- und Angelpunkt der internationalen Autoindustrie war – mit der IAA. Die ist nach München weitergezogen. Frankfurt, so könnte man meinen, setzt künftig auf ein umweltfreundlicheres Fortbewegungsmittel: das Fahrrad.

Radfahren „ist der Schlüssel zur Veränderung der Welt", sagt Janette Sadik-Khan. Sie kommt aus den USA zur Eröffnung der „Eurobike" und erzählt davon, wie man es künftig in New York mit den Radwegen hält. Die Frau weiß, wovon sie spricht: Janette Sadik-Khan hat die Weltstadt radikal verändert – mit einem Netz von 600 Kilometern Radwegen.

Summer of 2022, und dann ist da dieser zugegeben etwas hartleibige Geruch, der durch Frankfurts Straßen zieht: der Geruch nach rotem Fahrradbelag. Kreuzungsbereiche, Fahrradwege und Fahrradstraßen werden an vielen Stellen der Stadt mit knallroter Farbe markiert. Oeder Weg und Grüneburgweg sehen fast komplett rot: Die Radler haben auf den Einkaufsmeilen im Nordend jetzt Vorfahrt, die werden zu Fahrradstraßen. Mit der freien Fahrt für Autofahrer soll dort künftig Schluss sein.

Also alles paletti? Frankfurt auf dem Weg zur Fahrradstadt, zu Radlers Traum? Gemach.

Noch besteht der Flickenteppich aus Radwegen weiter, gehören gefährliche Situationen und tödliche Unfälle auch im Sommer 2022 zum Alltag von Fahrradfahrern.

Es bleibt also noch viel zu tun.

Frankfurt, ausgerechnet. Einen dritten Platz hatte niemand erwartet. Dritter Platz unter den „fahrradfreundlichen Großstädten" der Republik. Das klingt gut. Geradezu sensationell. Bei genauerer Betrachtung stellt sich heraus: Gesamtnote: 3,72. Hinter Hannover (3,67) und Spitzenreiter Bremen (3,57). Allerdings vor München (3,84) und Leipzig (3,85). Eine „4" im Notendurchschnitt, ausreichend. Ganz offen gesagt: Toll ist das nicht, reicht in der Schule gerade dafür, noch versetzt zu werden. Haarscharf, aber immerhin kann man sagen: Da bleibt nach oben hin Luft. Vor allem beim Thema Sicherheit erwarteten Radfahrer 2020 wie bereits zwei Jahre zuvor doch mehr als Frankfurt im Augenblick zu bieten hat.

Frankfurt dritter Platz. Ausgerechnet hinter Hannover.

In mehr als 1000 unterschiedlich großen Städten kürten 230.000 Radfahrer bei den Fahrradtests, die der Allgemeine Deutsche Fahrradclub, ADFC, angezettelt hatte, die „fahrradfreundlichste" Kommune. Frankfurt bekam vor allem für die neuerdings eigenen Spuren für Radfahrer auf manchen Straßen der Stadt und deren farblich auffällige Markierung relativ gute Noten in der Rubrik „große Städte". Und darf sich jetzt fahrradfreundlich nennen.

Das Lob verbindet sich mit durchaus kritischen Anmerkungen, denn den Betroffenen sind die Radwege – so vorhanden – zu schmal. Zweidrittel stören sich an Falschparkern. Knapp 70 Prozent fühlen sich nicht sicher, wenn sie mit dem Rad in der Stadt unterwegs sind. Ein katastrophaler Wert. Und so landet Frankfurt in dem Wettbewerb zwar auf einem herausgehobenen Platz. Viele in der Stadt denken: Hätte keiner damit gerechnet, endlich. Doch unterm Strich bleibt nur die Gesamtnote 3,72. Selbst wenn sich Frankfurt nach dem früheren 3,9-Durchschnitt 2018 als „Aufsteiger" fühlen kann.

Der ADFC fordert nach der insgesamt ernüchternden Bewertung, das Sonderprogramm „Stadt und Land" künftig stärker zu nutzen und ebenso wie das Förderprogramm „Radnetz Deutschland" in Anspruch zu nehmen. Für Frankfurt sei das Ergebnis der Nutzerbefragung nicht anders als ein Auftrag zu verstehen, heißt es beim ADFC.

Das sehen freilich nicht alle so. Michael Haberland vom Automobilclub „Mobil in Deutschland" schimpfte in einem großen Boulevardblatt, „stoppt den Rad-Wahnsinn in Frankfurt!". Das sei

„völlig irre, die fahren die Stadt an die Wand." So schlicht stellen sich Perspektiven künftiger Verkehrspolitik für Joachim Stoll nicht dar. Der Mann vertritt in Frankfurt die Interessen der Einzelhändler, also der Geschäfte und Läden. Naturgemäß formuliert er diplomatischer. Der Handel brauche „eine Erreichbarkeit mit all den Verkehrsmitteln, die seine Kunden bevorzugen". Deshalb sei „die autofreie Innenstadt genauso illusorisch, wie Autos auf der Zeil in Frankfurt effekthaschend falsch" seien. Das Autofahren zu beschränken, „ohne eine Verbesserung des ÖPNV und des Fahrradwegenetzes" wäre „eine Katastrophe".

Im Grunde skizzierte Lobbyist Stoll eine Position der Gewerbetreibenden, die der immer wiederkehrenden Formel folgt: Mobilität bleibt auch weiterhin auf das Auto angewiesen, das allerdings seine Dominanz auf den kurzen Strecken einbüßen kann.

Dem halten Radfahrer entgegen: Bis heute habe sich der Stadtverkehr allein an den Interessen der Autofahrer orientiert und stets politische Kräfte gefunden, die sie auch durchgesetzt haben. Die Rede von den kurzen Strecken sei nichts anderes als ein Ablenkungsmanöver.

Was soll man sagen – über den Sommer 2022? Plötzlich kann man mit einem Neun-Euro-Ticket bundesweit Bus und Bahn fahren. Schwärmen europäische Rad-Produzenten auf einer neuen Fachmesse in Frankfurt von ihren tollen E-Bikes. Lässt die Stadt auf bedeutenden Straßen farblich eigens ausgewiesene Radwege spuren. Was soll man sagen, über dieses Frankfurt, über das vielleicht spätere Generationen erzählen, sie seien im Sommer 2022 Zeitzeugen geworden von etwas, was sie den Beginn eines Wandels oder einer erhofften Revolution nennen könnten?

Auch Geert Canzler ist verblüfft: Da schreibt ein Fachmann wie er aus dem Wissenschaftszentrum für Sozialforschung in Berlin seit Jahren darüber, dass die Zeit des Autos vorbei sei, das Ende der Automobilität bevorstehe, es für den wirtschaftliches Wachstum versprechenden Pkw in der bislang marktgängigen Form keine Zukunft mehr gebe. Nichts passiert – und „plötzlich geht alles". Auf einmal reden alle von Verkehrswende. Vielleicht, weil sie feststellen, auf die Deutsche Bahn sei leider überhaupt kein Verlass und es müsse sich endlich etwas tun.

In seinem Buch „Taumelnde Giganten" wirbt Canzler für andere Mobilitätsformen, denn: „Zufußgehen, Laufen und Fahrradfahren werden zu Bestandteilen eines neuen urbanen Lebensstils." Die Verkehrswende bedeute nichts anderes als „eine Neuorganisation des verkehrspolitischen Raums in der Stadt". Dazu gehört für ihn neben dem Radfahren auch ein „schneller und leistungsfähiger öffentlicher Verkehr mit Bussen und Bahnen und vielfältigen Sharingangeboten". Im Wesentlichen geht es Kanzler um sechs Punkte: Dekarbonisierung für den Klimaschutz, also Elektrifizierung der Antriebe, der Ausbau von Bussen und Bahnen, die Stärkung des Carsharings und das intelligente Verknüpfen verschiedener Verkehrsmittel, um privates Autofahren unnötig zu machen. Dazu Investitionen in den Radverkehr und – eine längst fällige Reform der Straßenverkehrsordnung, um den Privilegien der Autofahrer ein Ende zu bereiten.

Folgenschwerer Unfall

Wer über Fahrradfreundlichkeit sprechen will, muss die Sicherheitsfrage im Blick halten. Das scheint der ADFC-Umfrage zufolge das A und O. Nur wenn Radfahrer ihr Lieblingsgefährt nutzen können, ohne dass sie ständig das Gefühl haben, auf der Hut sein und sich vor unachtsam aufgeschlagenen Autotüren fürchten zu müssen, nehmen sie, das zeigt die Befragung, das Velo für alle Wege.

Früher gab es gelegentlich Aufregung, wenn ein Lastwagen an der Hügelstraße rechts zur Eschersheimer Landstraße abbog und dabei einen Radfahrer „einfach übersehen hatte", wie es tags drauf im Polizeibericht hieß. Doch ein schwerer Unfall an der Konrad-Adenauer-Straße verändert im Sommer 2018 alles: Mitten in der engagiert geführten Diskussion darüber, was Frankfurt zu einer Fahrradstadt machen könnte, platzt die Nachricht von einem tödlich verlaufenen Crash. Ein Radfahrer musste kurz nach dem plötzlich endenden Radweg auf den Rand des Bürgersteigs ausweichen und wurde vom Anhänger eines Lasters überrollt. In diesem Augenblick steht für viele fest: Für Radfahrer muss es einen geschützten Bereich geben.

„Das", glaubt Bertram Giebeler, Sprecher beim ADFC Frankfurt, „das war der entscheidende Punkt", der Augenblick, um verkehrspolitisch eine Zäsur zu markieren. Plötzlich scheint vielen Kommunalpolitikern klar: Wenn in diesem Moment großer Betroffenheit unter den Frankfurtern nicht etwas für die Radfahrer passiert, ist jegliche Glaubwürdigkeit verloren ...

Frankfurt startete, angespornt von der Bürgerinitiative Radentscheid, das Programm, wieder Fahrradstadt zu werden. Das heißt: Es Radfahrern möglich zu machen, sich sicher in der Stadt zu bewegen. Mit eigenen Spuren für Pedalisten: Sie sollen künftig ungestört von Autos beispielsweise auf einer bedeutenden Ausfallstraße des Pendlerverkehrs in Richtung Norden unterwegs sein können –über die Friedberger Landstraße. Mehr als 30.000 Pendler kommen täglich über diese Strecke meist aus nördlichen Umlandgemeinden wie Bad Vilbel, Bad Homburg und Oberursel in die Stadt.

2019 entschied das kommunale Parlament: „Frankfurt wird zur Fahrradstadt". Von diesem Tag an, ließ sich Norbert Szep vom „Radentscheid" zitieren, sei „die Autostadt Frankfurt" nur noch „Geschichte". Zwei Meter bis zwei Meter dreißig sollen die Radwege künftig breit sein. Auf 45 Kilometern sollen sie sich durch die Stadt erstrecken, bis 2023 neu gebaut oder umgestaltet sein.

Aus seiner Sicht habe der Radentscheid „das Ende der autogerechten Stadt gebracht", hebt Heiko Nickel hervor. Für den strategischen Planer im Verkehrsdezernat und Mitinitiator des Radentscheids geht es darum, die Wunden der Stadt zu heilen, „die die autogerechte Stadt in Frankfurt hinterlassen hat". In Frankfurt werde das Radfahren nun so organisiert, dass es künftig keine Toten mehr geben soll.

Um etwa die Spuren für die Radfahrer auf der Bockenheimer Landstraße entsprechend breiter machen zu können, will man dem Autoverkehr eine Spur wegnehmen. Mit dieser Perspektive wolle man sich auch die Schwarzwaldstraße/ Rennbahnstraße in Niederrad und die Schweizer Straße in Sachsenhausen vornehmen, um sie radfreundlicher und sicherer zu machen.

In den innenstadtnahen Einkaufsstraßen wollen die Verkehrsplaner, entgegen der immer wieder vorgetragenen Befürchtungen der dortigen Geschäftsleute, perspektivisch den Beweis erbringen, dass Radfahrer mehr Stopps einlegen als Autofahrer. Vor allem Radfahrer und Fußgänger sollen künftig im Oeder Weg oder auf dem Grüneburgweg einkaufen. Besonderes Augenmerk gilt auch Kreuzungen, die sich immer wieder als besonders gefährlich erwiesen haben und an denen es zu Unfällen kommt. Für kleinere Kreuzungen hat der Radentscheid ein Konzept mit dem Namen „Siglinde" vorgeschlagen:

Um die Kreuzungen sicherer zu machen, sollen sie räumlich heraus-
gehoben werden und freie Sichtachsen ermöglichen. Mit intelligent
platzierten Bäumen will man außerdem das Mikroklima verbessern.

     Der Radentscheid nimmt auch die Verbindungen zu Nachbar-
gemeinden ausdrücklich ins Visier. In diesem Zusammenhang knüpfen
sich große Erwartungen etwa an den Radschnellweg zwischen Frankfurt und Darmstadt: Von Frankfurt-Sachsenhausen soll man künftig
über Langen und Egelsbach ohne unnötigen Halt bis nach Darmstadt-
Arheilgen kommen. Bislang ist ein Stück Trasse angelegt, bis die
komplette Route fertig ist, wird es allerdings noch dauern.

Den Broadway kappen

Amsterdam, Utrecht, Kopenhagen – reimt sich auf Verkehrswende. Die haben sich was getraut, Fußgängern und Radfahrern ihren Raum und damit auch ihre Bewegungsfreiheit zurückgegeben. Eine Erfolgsgeschichte, weitgehend bekannt.

Doch wer hat New York auf dem Plan, wenn es um das Fahrradfahren geht? Noch dazu den Times Square, Symbol der vibrierenden Stadt, „die niemals schläft" und bislang eher für flackernde Videos und tosenden Verkehr bekannt? Dass es so weit kommen würde, dieses Wahrzeichen der pulsierenden Großstadt und des Autoverkehrs zu opfern, konnten viele nicht fassen: New York begann die „Verkehrswende" radikal. Bürgermeister Michael Bloomberg machte das Quartier von Times Square und Broadway kurzfristig zur Fußgängerzone und ließ dort 2009 für ein paar Monate kein einziges Auto mehr fahren.

Beraten ließ sich Bloomberg von dem dänischen Architekten Jan Gehl. Der erinnert sich in einem Interview: „In New York habe ich der Stadtverwaltung empfohlen, den Broadway für den Autoverkehr zu sperren." Dem hielten viele entgegen, dass der Times Square alles andere als ein Ort mitten in der Stadt sei, den man von Autos befreien könnte. Tatsächlich jedoch, warb Gehl für seine Sicht der Dinge, habe der Times Square lediglich zehn Prozent des städtischen Raums für Fußgänger vorgesehen, obwohl dort 90 Prozent der Nutzer Fußgänger waren: „Aus diesem Grund entschieden wir, den Raum für die Fußgänger zu erweitern, und wir beschlossen, den Broadway an vier oder fünf Teilstücken zu schließen. Für New York war die Maßnahme äußerst vorteilhaft, und: Sie machen weiter damit."

Das Ideal für sein Leitbild, wieder „Leben zwischen Häuser" zu bringen, teilt Architekt Gehl mit Jane Jacobs, die für ihn wie für viele andere bereits in den 70er Jahren „die Begründerin einer humanistischen, an den menschlichen Bedürfnissen orientierten Stadtplanung" gewesen ist: „Entschleunigung, Fußläufigkeit, Klein-Maßstäblichkeit und viel Stadtgrün. Das Ziel: Die großen Metropolen in kleine, übersichtliche Nachbarschaften auflösen."

Jane Jacobs setzte sich gegen die monströsen Pläne zur Wehr, die der Stadtplaner Robert Moses 1968 verfolgte, um eine Autobahn durch Downtown New York zu bauen. Bis zu der couragierten Frau, die übrigens gern mit ihrem Rad in New York unterwegs gewesen ist, hatte sich dem mächtigen Großplaner niemand in den Weg gestellt. Man bezeichnet die Auseinandersetzung zwischen Jacobs und Moses bis heute als Kampf Davids gegen Goliath. Auf das engagierte Auftreten von Jacobs nehmen bis heute weitsichtige Stadtdenker wie Richard Sennett, nicht selten Gesprächspartner bei den Frankfurter Römerberggesprächen, immer wieder Bezug.

Für Jan Gehl steht außer Frage, dass die Zeit für Stadtplaner, „die nur an die autogerechte Stadt denken", vorbei ist. Sie hätten nichts dazu beigetragen, die Lebensqualität in den Städten zu verbessern. Heutzutage ist die einfache Formel unbestritten: Wo weniger Autos, aber mehr Fahrräder fahren, ist die Stimmung besser.

Für die Menschen bedeute langsamer Verkehr zugleich „lebendige Stadt". Verkehrsplaner müssten sich damit befassen, ist Gehl überzeugt, dass es bereits vor mehr als zehn Jahren einen Paradigmenwechsel gegeben habe. Gezeigt habe sich, ist Gehl überzeugt, dass die Menschen „vom übermächtigen Autoverkehr" die Nase voll hätten. Kopenhagen habe aus diesem Grund die Kommune zu einer Stadt der Fahrradfahrer gemacht. Und Architekten sollten verstehen: Ein guter Architekt muss die Menschen lieben.

So soll es auch in Frankfurt werden. Zumindest, wenn es nach den Radfahrern ginge. Ladenbesitzer und Geschäftsleute sehen das oft anders. Sie fürchten, dass die Kundschaft, die bislang mit dem Auto kommt, ausbleiben werde. Janette Sadik-Khan hingegen hält das für Stimmungsmache, die Zahlen gäben das nicht her.

Ganz im Gegenteil, sagt die verantwortliche Mobilitätsexpertin aus New York 2022 auf der neuen Frankfurter Fahrradmesse „Eurobike". Radfahrer, Fußgänger und Geschäftsleute profitierten gleichermaßen, wie Beispiele der Praxis aus New York City und Toronto zeigten: In New York City seien die Umsätze der Einzelhändler nach der Zähmung des Autoverkehrs um 49 Prozent, in Toronto um 34 Prozent in die Höhe gegangen. Bestimmt fänden Frankfurter es eine großartige Idee, den Verkehr auf „der Eschersheimer" zu bändigen und dem Vorbild „Times Square" nachzueifern.

Einen Radweg einzurichten, hält Janette Sadik-Khan für inzwischen so selbstverständlich wie früher mal die Einrichtung einer Autobahn. Sechs Jahre lang war sie für die Radwege in New York City verantwortlich, 600 Kilometer sind so entstanden, mit vielen Verbindungen und außerdem sieben Schnellbuslinien.

Überall auf der Welt, erzählt sie in Frankfurt am Main, gäbe es inzwischen eigene Wege für Radfahrer. Das ist an sich schon eine gute Sache. Doch eine wirklich gute Sache wird die ganze Angelegenheit erst, wenn die Radwege noch abgegrenzt sind, damit sie nicht zugeparkt werden können. Für Janette Sadik-Khan heißt die erste Regel: Schafft Radwege. Die zweite Regel folgt sogleich: Trennt die Radwege von anderen Verkehrswegen rigoros ab.

Kopenhagen habe das vorgemacht: Radwege zu bauen und sie zu sichern. Auch reine Velostraßen und Brücken machen Kopenhagen zur Nummer eins der Fahrradstädte. Bei den Überlegungen zu einer Verkehrswende sollte man sich leiten lassen von dem Grundsatz: „Gebraucht wird nicht Infrastruktur, sondern Infrakultur."

Radfahren „ist der Schlüssel zur Veränderung der Welt", sagt Janette Sadik-Khan in ihrer leidenschaftlich vorgetragenen Rede zum Start der „Eurobike". Es gehe darum, künftig tolle Städte zu haben, in denen sich die Menschen wohlfühlen. Im Grunde sei dies das Programm einer „urbanen Revolution", bei der es nicht um Technik, sondern „um die Fantasie geht". Die grundlegende Frage bleibt dabei immer: Wie wollen die Menschen in der Stadt leben? Und: Wie bewegen sie sich dort? Radfahren ist der Beweis von Selbstbehauptung.

2.

FRANKFURTS

HELDEN

Über Schrauber, Kurierinnen und

Michael, ein Schrauber

Bertram im Namen der Radler

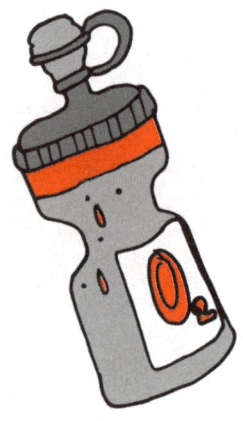

chnik-Skeptiker

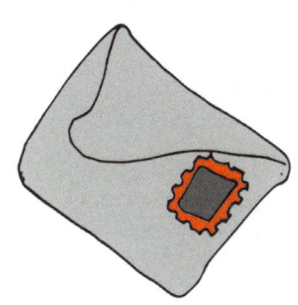

Elisa, die Kurierin

Radfahren, für Niklas eine Belohnung

Vermutlich sind Radfahrer nicht per se die besseren Menschen. Bessere Menschen als, sagen wir, Autofahrer. Und doch verbindet sich mit der Wahl ihres Verkehrsmittels nicht selten auch eine Botschaft an die übrige Welt: Schließlich tun Radfahrer etwas für das Klima und gegen die Verpestung der Luft. Eigentlich hätten sie dafür Anerkennung verdient und sie könnten daraus den Anspruch auf Respekt ableiten. Der bleibt jedoch häufig verwehrt mit dem Hinweis darauf, dass Radfahrer sich auf den Straßen nicht an Regeln halten und sie ihr Gefährt dazu nutzen, sich der Ordnung zu widersetzen.

Ein uralter Konflikt. Der für die bekennenden „Anarchos" unter den Radlern wohl erst zu lösen ist, wenn wirklich faire Verhältnisse für alle Beteiligten gelten – auf Straßen wie auf öffentlichen Wegen. Im Grunde aber ist es mit den Radfahrern, wie so oft im Leben, viel schlichter. Eigentlich gibt es unter ihnen vor allem zwei Typen: Die Schrauber und die Nicht-Schrauber. Man könnte auch sagen, unter den Radfahrern finden sich handwerklich begabte Menschen, für die der Umgang mit einem Schraubenschlüssel, das Spannen der Kette oder das Aufziehen eines neuen Schlauchs überhaupt kein Problem darstellt. Schrauber verstehen Mensch und Maschine, Körper und Technik, Natur und Kultur nicht als Gegensätze, als Konfrontation, sondern als harmonische Einheit, als Verbindung.

Unter Schraubern wie Nicht-Schraubern gibt es wiederum „Realos" und „Fundis": Die „Realos" verstehen Autofahren nicht als Beweis für das Ende der Menschheitsgeschichte und sie wissen, dass man über das Schmelzen der Polarkappen nicht beständig predigen sollte, wenn man selbst nicht bange ist, nach wie vor den Kasten Bier mit dem Wagen vom nächsten Supermarkt zu holen. „Fundis" hassen SUV und eigentlich auch die Autofahrer an sich.

Michael, ein Schrauber

Zu den Schraubern in Frankfurt zählt Michael. Michael ist ein Mann, wie man gern sagt, „besten Alters". Ein Babyboomer, Jahrgang 1965, verheiratet und Vater einer erwachsenen Tochter, die gerade das Abi geschafft hat. Die Familie lebt in einer geräumigen Wohnung in Bornheim. Diesen Stadtteil nahe der Innenstadt nennen die Frankfurter gern „lustiges Dorf". Das hat wohl mit der Feier-Tradition der „Bernemer Kerb" zu tun, aber das ist eine ganz andere Geschichte ... Die beiden Frauen in Michaels Gemeinschaft fahren gern Rad und sind froh, dass Michael das Schrauben als seine Aufgabe sieht. Michaels Frau erklärt die Arbeitsteilung so: Sie sei die Fahrerin, und täglich nach Feierabend unterwegs, Michael übernehme „das Schrauben". Er selbst sagt, er sei „nicht so ein Sportfanatiker, ich komme über die Technik".

Das Schrauben ist für Michael wirklich eine alles andere als nebensächliche Tätigkeit. „Was heißt denn schon ,schrauben'?", fragt er rhetorisch. Er will damit sagen: „Schrauben" meint nicht allein das Anziehen von Muttern. Das würden selbst mit dem Handwerklichen nicht sonderlich verbundene Radfahrer schaffen, also die Nicht-Schrauber. „Schrauben" meint für ihn viel mehr, aus „altem Zeug" etwas „ganz Neues" entstehen zu lassen: Upcycling heißt das Neudeutsch, worin sich sprachlich interessanterweise das Radfahren, „cycling", schon verbirgt.

Michael besorgt sich alte Räder. Allesamt aus den Baujahren 1974 bis 1990. Auf einem Flohmarkt der Kirchengemeinde in der Nachbarschaft etwa sorgt er für Nachschub an Material. Damit hat alles begonnen: Am Anfang stand „die Aktion Hilfe". Beim Weihnachtsmarkt bot er Reparaturen an. Flicken, Ausbessern, Instandsetzen. Nach dem Herrichten von Fahrrädern, setzte Michael schließlich auf das Montieren und Aufmöbeln nach seinen eigenen Vorstellungen. Orientiert an Modellen des italienischen Herstellers „Bianchi". Funktional sind deren Modelle für ihn überaus ansprechend, ästhetisch ohnehin ein Genuss.

Anders als italienischen und französischen Herstellern sportlicher Räder sei deutschen Produzenten nach dem Krieg viel Knowhow verloren gegangen, klagt Michael. Kein Wunder, dass die meisten Sporträder heute aus südlichen Gefilden Europas kommen. Dort habe der Radsport eine herausgehobene Bedeutung. Sportliche Ereignisse

wie der Giro d'Italia und die Tour de France sprächen für sich, findet Michael. Mit dem „Wirtschaftswunder" hätten sich die Deutschen recht bald nach dem Krieg nur noch für Autos interessiert, dem Symbol des Wohlstands.

Dabei hat auch Michael ein Herz für Autos. Vor allem für italienische, Priorität: Fiat 124, Spider, Baujahr 1968. Selbstverständlich in schwarz, ganz eigener Ton, ein Klassiker. Wie das Rot von Alfa Romeo, dessen eigenwilliges Logo sich auch an der Pinnwand in Michaels Küche findet.

Auto oder Rad, für Michael, im Rhein-Main-Gebiet aufgewachsen, bedeutet das alles: „Benzin im Blut und Schmieröl am Arm". Klingt leidenschaftlich. Tagsüber arbeitet er als leitender Ingenieur. Tief im Herzen aber ist er „Schrauber". Schlicht und ergreifend. Aus diesem Grund ist es nicht nur etwas ganz besonderes gewesen, Michael versteht dieses Präsent seiner Frau vielmehr als einen großen Liebesbeweis: Sie schenkte ihm eine von „Campagnolo", dem Hersteller von Fahrradkomponenten, geschaffene Garnitur zum Schrauben. Mit allem, was zu einem solchen Set dazugehört: Schlüssel in allen Variationen und diverse Schraubgeräte. Utensilien für die bevorzugte Marke der Fahrräder, von denen sich in Michaels Keller inzwischen bestimmt 15 Exemplare finden.

Aufgereiht nebeneinander und angehängt an stabile Haken, jedes Exemplar für sich genommen eine wahre Pracht. Ausgestattet mit den ursprünglich vorgesehenen Teilen – vom Lenker über die schlank wirkenden Räder bis hin zur Markierung am senkrechten Steg, der das in weißer Farbe gehaltene Rad mit grünem Einstich als zugehörig zu dieser Marke ausweist. So stellt man sich die Brandzeichen vor, mit dem die Kälber in alten Cowboy-Filmen markiert werden, wenn sie zur Ranch gehören. Ein Rad, das Michael mit der speziellen Garnitur bearbeitet hat, aufbewahrt in der von seiner Frau genähten Tasche, bekommt von ihm eine solche Markierung.

Deshalb bewahrt Michael auch dieses Set, das Laien einfach in einen Werkzeugkasten packen würden, an einem ganz besonderen Platz auf. Den schließt er nach Feierabend ab, wenn das Werkzeug sorgsam in Filztüchern verpackt ist. In seinem Keller, selbstredend, an dem Ort, „an dem ich verschwinde".

Michaels Keller ist alles andere als ein vielleicht nur zu groß geratener Schraubkasten. Michaels Untergeschoss ist wie der Mittelpunkt einer eigenen Welt. Michael hat die verschiedenen Räume wie Stationen seines Wirkens eingerichtet. Einer ist für basale Arbeiten, also Reparaturen. Der andere für den Feinschliff, also so etwas wie die

Kür. Der dritte Raum dient als Lager – ein Depot wieder hergerichteter Fahrräder der Sonderklasse, allesamt Geräte der italienischen Marke mit klangvollem Namen.

Auf diese ist Michael stolz. Tolle Fahrräder, die aussehen, als kämen sie gerade aus der italienischen Fabrik, die für ihre gepflegten Räder bekannt ist.

Der Keller ist für Michael wie eine andere Welt. Ein Ort, an dem wohlgeratene Fahrräder ihren Platz haben, an dem sie sich nicht gegen klobige Gefährten aus Blech behaupten müssen. „Man kann als Radfahrer ruhig Hass auf SUV-Fahrer haben", das lässt Michael gelten, auch wenn er selbst Gefühle dieser Art nicht kennt. Aber manche Pedalisten hätten eben das Bedürfnis, sich von ihrer Wut zu befreien, wenn einer mit hohem Radstand neben ihnen steht. Sich in diesen Augenblicken Luft zu machen, sagt Michael, helfe vielleicht für den Moment, führe aber nicht weiter. Er setzt insgesamt auf Abrüstung. Michael tritt dafür ein, dass es perspektivisch einen Kodex geben müsse, der auch für Radfahrer gelte: „Es braucht eine Fahrrad-Etikette." Auch Radfahrer müssten sich an Verkehrsregeln halten. Entweder gelte Rot für alle oder keinen. Hält sich keiner dran, gerate alles durcheinander und ende allein in einem riesigen Chaos.

So etwas will Michael unbedingt vermeiden. Er wirbt vielmehr für einen von Respekt getragenen Kodex, denn das Überfahren der Ampel sei eben kein revolutionärer Akt und habe sicherlich auch nichts mit anarchistischen Gefühlen zu tun. Wenn Frankfurt Fahrradstadt werden wolle, könnten sich Biker das nicht leisten. Punktum.

Schrauben können Frauen selbstredend auch. So weiß sich Elisa in kritischen Situationen selbst zu helfen. Als Fahrradkurierin wäre sie aufgeschmissen, könnte sie nicht selbst einen Schlauch flicken.

Elisa, Jahrgang 1990, verbindet mit ihrem Rad eine Vorstellung von Freiheit. Sie selbst sei „schon immer gern durchs Viertel geheizt", sagt sie. Seit ihrer Zeit als Kurierin für „Velomobil" geht sie jedoch „anders in den Verkehr", fährt sie riskanter, schließlich „muss man als Kurierin schnell sein". Wenn man schnell ist, setzt sie hinzu, verdient man gut.

Kuriere seien ein „ganz eigener Schlag", erzählt sie von Einsätzen als schnelle Botin, als rasche Übermittlerin wichtiger Schriftstücke. Fahrrad-Kuriere seien eine Gemeinschaft, eine ganz eigene Community. Radfahrer, die eben wüssten, dass es auf sie ankomme, dass mit ihnen nichts liegen bleibe, besonders dringliche Unterlagen und Objekte doch noch kurz vor Toresschluss den Adressaten erreichten.

„Ganz unter sich" blieben Kuriere gern in ihren Auszeiten. Etwa in den Mittagspausen. Dann treffen sie an zentralen Plätzen zusammen. Der Platz an der Alten Oper sei in Frankfurt beispielsweise so ein Treffpunkt in der Mitte der Stadt, sagt Elisa: „Ein beliebter Platz, um abzuhängen." Kuriere pflegen ihr eigenes Image. Sie kennen die Stadt, wissen den Weg, lassen sich nicht abschütteln und nichts vormachen. Sie nennen sich Kuriere, sehen sich auf ihren Fahrten aber auch nicht selten als Kundschafter. „Für kurze und gelegentlich auch neue Wege", erzählt Elisa.

Über ihr eigenes Fahren fernab der Aufträge sagt sie, einfach nur gemütlich könne sie „gar nicht unterwegs sein". Hinter langsameren Fahrern will sie nicht ins Stocken geraten, so etwas macht sie gleich ein bisschen unruhig. Und dafür, setzt sie hinzu, sei ihr die Zeit an sich zu schade.

Zum Radfahren gehöre nun mal auch ein gewisses Tempo. Als Fahrradbotin sucht sich Elisa eigene Wege, jenseits der Hauptstraßen und manchmal auch quer über die Mainzer Landstraße. Mittlerweile fahre sie „nach den Regeln", höchstens vielleicht mal über Rot, aber nur wenn es keiner sieht.

Von einer „Fahrrad-Etikette", wie sie manchem vorschwebe, um Pedalisten als gleichberechtigte Verkehrspartner zu etablieren, hält

Elisa allerdings gar nichts. Sie macht das Halten bei Rot vor allem von der Dichte des Straßenverkehrs abhängig. Und Autofahrer, da sollte man sich nichts vormachen, haben „sich noch nie um uns geschert". Aus ihrer Sicht der Dinge sollten „Regeln und Wege geschaffen werden, die an Radfahrer angepasst sind – und auch abweichen von Autoregeln".

Elisa selbst hält sich für eine gute Radfahrerin, weil sie „vorausschauend fährt", sich den ganz eigenen Blick auf ihre Strecke gönnt und die Aussicht von dem etwas höheren Sitz auf dem Rad zu schätzen weiß: „Radfahrer haben einen größeren Radius" – und darauf komme es in der Stadt an.

Ein Vorbild auf der Straße zu sein, das nehme sie nicht für sich in Anspruch, vielmehr gehe es ihr selbst darum, „so zu fahren, dass man sich sicher fühlt". Von ganz besonderer Bedeutung ist für sie, sich mit ihrem Fahrrad „Räume der Stadt zu erschließen".

Die ideale Tour durch die Stadt? Gibt es, aber muss dann eigentlich gar nicht unbedingt mit dem Fahrrad sein, sagt Elisa: Zu Fuß zu gehen, sei für sie allemal eine Variante.

Gegen einen Spaziergang am Ufer des Mains hat auch Adela nichts einzuwenden. Viel besser allerdings findet sie eine Tour mit dem Rad in den Taunus. Von Praunheim aus. Treffpunkt an der Nidda nach Feierabend und noch im Hellen. Von dem nordwestlichen Stadtteil aus führt Adela ihre Tour mit zwei Dutzend Radfahrerinnen und Radfahrern über Oberursel und stoppt dann die gesamte Karawane, damit diese von der Höhe aus Blicke auf Frankfurt werfen kann – auf die Stadt.

Die meisten Mitfahrenden kennen sich aus, melden sich immer wieder für Adelas Tour beim ADFC an. Sie wissen, dass es während der Rundfahrt auch leichte Anstiege gibt, die sich im niedrigeren Gang besser bewerkstelligen lassen. Zumal, wenn der Tag bis dahin eigentlich schon lang genug gewesen und jetzt Entspannung angesagt ist.

Adela genießt die Tour zum Ausklang ihres Tages in der Bank. Die Zeit zwischen Dienstschluss und Radpartie nutzt sie, um das Kostüm gegen die Bike-Legging einzutauschen und startklar zu sein für die Fahrt mit dem Rad von Praunheim aus. „Macht den Kopf wieder klar", sagt sie, vor allem aber kommt man schon ein paar Meter über Frankfurt auf neue Gedanken.

Adela ist aus Bukarest nach Frankfurt gekommen. Ein Aufbruch, ein neuer Job, eine andere Stadt. Liviu, ihr erwachsener Sohn, suchte damals seinen eigenen Weg, ging nach London. Adela zog es an den Main. Ihr volles Haar ließ sie kurz schneiden. Passend, pflegeleicht, gutes Gefühl. Adela ist überaus froh darüber, ihrem eigenen Kopf zu folgen.

Auf ihr Fahrrad wollte sie dabei nicht verzichten.

Nach zwei Stunden haben die Radfahrer an diesem Feierabend Oberursel und Eschborn hinter sich gelassen und alle sind wieder in Frankfurt zurück. In einem Ginnheimer Gasthof machen sie Station, essen Handkäs, genehmigen sich ein Bier oder einen Schoppen.

So geht das den gesamten Sommer über bis in die Anfänge des Herbstes. Adela liebt das. Immer wieder sind andere Leute dabei, viele aber kennen sich bereits. Die Radtour, sagt sie, biete „die gute Möglichkeit, Frankfurt zu erkunden". So kriegt man ein Gefühl für die Dimension der Stadt. Es gebe viele „Guides, die verschiedene und schöne Touren fahren".

Adela setzt für ihre Fahrten stets ihr GPS ein. Immer wieder lässt sie sich ans Ende der Gruppe zurückfallen, um sich zu versichern, dass auch wirklich alle nach wie vor mit von der Partie sind. Mit der Orientierungshilfe gibt es für die Mitfahrer der Tour, die der ADFC zusammengestellt hat, keinen Zweifel – alle Wege führen zurück nach Frankfurt. Schon beruhigend.

Anfangs, gesteht Adela, habe sie Frankfurt „ganz hässlich gefunden". Davon aber könne mittlerweile überhaupt keine Rede mehr sein. Für Adelas veränderten Blick auf die Stadt dürfte das Radfahren eine nicht zu unterschätzende Rolle gespielt haben.

Wenn Niklas mit seinem Mountainbike zur Burg aufbricht, orientiert er sich an Google Maps. Um „auf andere Gedanken zu kommen", setzt sich der angehende Ingenieur, Fachrichtung Maschinenbau, nach einem langen Tag in der Bibliothek der Technischen Universität in Bewegung, um von Darmstadts Innenstadt aus „Frankenstein" zu erreichen. Das ist der Ort südöstlich des Stadtteils Eberstadt, den gruselige Geschichten umranken.

„Radfahren ist eine Belohnung", das weiß der junge Mann aus Frankfurt zu schätzen. „Es gibt überhaupt keine Einschränkungen", setzt Niklas hinzu, da wisse man, „was Freiheit wirklich heißen soll". Etwa, selbst zu entscheiden, welche Route man mit seinem eigenen Gefährt wählt. Mit seinem Mountainbike entscheidet er sich dort, wo es möglich ist, auf jeden Fall gegen Straßen und für Wanderwege. Und für Geschwindigkeit, Niklas weiß Tempo zu schätzen.

Niklas ist gerade bei seinen Eltern ausgezogen. Mit 20 Jahren und nach dem Abitur. Aufgewachsen ist er am Dornbusch in Frankfurt. Höhen machen für den passionierten Skifahrer einen ganz besonderen Reiz aus: Vom Altkönig ist er mit seinem Mountainbike oft runtergefahren, gönnt sich den Ausblick vom Taunus aus auf Frankfurt. Niklas liebt Berge. Auch Gefahr und Geschwindigkeit. Für ihn selbstverständlich, er kennt einfach keine Angst. Und macht keinerlei Aufhebens darum. Schon als Kind ist er von hohen Gerüsten gesprungen – ohne mit der Wimper zu zucken.

Am Radfahren weiß er Spontanes zu schätzen, „überall anhalten zu können", kurzerhand stehen zu bleiben, einfach zu stoppen, „wo man will". Man bewege sich beim Radfahren ganz auf sich selbst gestellt. Selbstverständlich gehört für Niklas zum Radfahren das Schrauben. Schon während der Schulzeit hat er in Fahrradläden gearbeitet. Die Garage seiner Eltern hat er mittlerweile zur Werkstatt umgeräumt. Ketten spannen, gute Schläuche, neue Bremsbelege – Niklas bockt dann das Rad auf und vermittelt, wieder ohne viel Worte zu machen, den Eindruck, von jetzt an könne der weitere Verlauf des Nachmittags viel Spaß bringen. Sein Fahrrad selbst in Schwung zu halten – für Niklas ist das selbstverständlich und eine große Freude.

Mit Schrauben hat Bertram nichts zu tun. „Ich bin kein Rad-Freak“, sagt er über sich selbst. Wer das hört, denkt gleich: Da lachen doch die Hühner! Der Bertram – kein Freak? Bertram, der unermüdliche Kämpfer für die Belange Frankfurter Radfahrer, dieser Bertram, der den Nachnamen Giebeler trägt und an jeder Straßenecke auftaucht, an der sich etwas für das Radfahren verändern soll, dieser Bertram ist kein Schrauber. Das dürfte mit zwei Dingen zusammenhängen: Bertram braucht nicht „zu schrauben“, da er jederzeit auf ein anderes seiner acht Fahrräder zurückgreifen kann – darunter Tourenrad, Klapprad, Mountainbike. Bertram hat vor allem aber gar keine Zeit, bei kaputten Bremsen und geplatzten Reifen selbst Hand ans Rad zu legen.

Bertram Giebeler ist der verkehrspolitische Sprecher des Allgemeinen Deutschen Fahrradclubs in Frankfurt, kurz: ADFC. Selbstredend muss man das in Frankfurt niemandem erklären. Jeder weiß doch noch ganz genau, dass der ADFC-Mann kürzlich darauf drängte, dass auf der Friedberger Landstraße die sich für Radfahrer auftuende plötzliche Lücke der separaten Spur zwischen Matthias-Beltz-Platz und Friedberger Platz rasch geschlossen werden müsse.

Bertram Giebeler will nicht nur Lücken schließen, er steht vielmehr dafür, dass sich die künftige Fahrradstadt Frankfurt an einem Leitbild orientieren müsse. Giebeler ist der Fahrradfahrer Frankfurts, der die Vorstellung, wie er sich seine Stadt vorstellt, auf die ebenso schlichte wie einprägsame Formel bringt: „radfreundlicher und autoärmer“.
Bertram ist ein schlauer Fuchs und lässt seine Zuhörer selbstverständlich mitdenken: „radfreundlicher und autoärmer“ – als jetzt.

Bertram Giebler ruft nicht gleich: „Kopenhagen“, „Amsterdam“. Geschenkt, weiß doch mittlerweile jeder, dass es dort radfreundlicher und autoärmer als in Frankfurt zugeht. Bertram weiß nur zu gut, an welchen Leitgedanken sich Frankfurt orientieren sollte, um mehr Menschen aufs Rad zu bringen und anderen keine Angst zu machen, wenn mehr Leute aufs Velo umsteigen.

Für seinen Verband bündelt er das mit der einprägsamen Formel: Entweder Radstreifen oder Tempo 30. Und zwar überall, auf sämtlichen Straßen. Klingt ein bisschen wie: Sekt oder Selters, Wurst oder Käse, das versteht in Frankfurt eigentlich jeder.

Nur keine halben Sachen mehr, nur keine Endlosplanungen

so wie bei dem Radweg zwischen Nieder-Eschbach und Nieder-Erlenbach. Ein Projekt, das Giebeler vorkam wie „für die Ewigkeit gemacht". Die zwei Kilometer lange Verbindung zwischen den beiden Stadtteilen im Norden Frankfurts wurde vier Jahrzehnte, nachdem Bürger im Stadtteilparlament das Thema auf die Tagesordnung gebracht hatten, fertig. Aber auch dann nur fast. Ein Teilstück ist noch immer nicht vollbracht.

Nicht anders an der „Eschersheimer". Dort hatten vor allem ältere Bürger für Übergänge an der stark frequentierten Straße geworben. Autofahrer, U-Bahn-Kunden und gelegentlich auch Radfahrer nutzen die Strecke, um zügig in die Innenstadt zu gelangen. Die an dieser Stelle noch oberirdisch fahrenden U-Bahnen sind auf ihrer bislang eigens eingezäunten Trasse mit mehr als 50 Stundenkilometern schneller als üblich unterwegs. Möglich, dass man den Überweg mit einer separaten Fahrspur für Radfahrer einrichtet. Hat die Verwaltung zumindest zwischen Marbachweg und Hügelstraße versprochen. Möglich, dass sich an der „Eschersheimer" perspektivisch dann tatsächlich was ändert.

„Die Eschersheimer" ist schließlich für Radfahrer so etwas wie der „Antichrist", hebt Michael, der Schrauber, hervor. Was nichts anderes heißt als – ein Fluch. Denn Radfahrer müssen stets mit dem Schlimmsten rechnen ...

3.

FRANKFURTS

VERSCHÜTTETE

TRADITION

Heinrich Kleyer und der Ursprung der Fa

Urtyp des Fahrrads

Maßstäbe aus Boston

ad-Stadt

Anfänge mit Draisine

Kleyer in Boston

Werbung in eigener Sache

Frankfurt feiert seinen Weltmeister. Am Freitag, 17. August, trifft er „abends 7.27 im Hauptbahnhofe" ein, verspricht ein großflächiges Plakat. Von dort aus begibt sich der Champion, der sich „am 12. August zu Antwerpen im Kampfe gegen die besten Fahrer der Welt" durchgesetzt hat, in einem Corso „in Begleitung seiner Sportsfreunde und unter Führung eines Musik-Corps im Wagen durch die Kaiserstraße und Zeil nach dem Zoologischen Garten". Der Weltmeister heißt August Lehr. Der Frankfurter Lokalmatador gewinnt 1894 die Rad-Konkurrenz über eine englische Meile, also 1609,34 Meter, „gegen die besten Fahrer aller Länder", wie es im Aufruf zum Empfang des Weltmeisters heißt. Das Dokument findet sich in einer Broschüre von Peter Schermer über den Sport im Palmengarten.

Für den „großen Fest-Commers", um Lehr würdig zu feiern, wirbt „der Frankfurter Bicycle-Club" mit Plakaten überall in der Stadt. Eingeladen sind an diesem Abend die Mitglieder der örtlichen Sportvereine in Frankfurt am Main. Schließlich ist August Lehr einer der ihren. Ein Aushängeschild. Einer, der „den Club" noch ganz groß rausbringen wird.

Heinrich Kleyer hatte den „Frankfurter Bicycle-Club" 1881 ins Leben gerufen, um den Radsport in Frankfurt populär zu machen. Die Vereinsgründung steht am Anfang der Geschichte der Fahrradstadt Frankfurt am Main. Angestoßen von Heinrich Kleyer, einem jungen Unternehmer, der die Zweirad-Mobilität in Frankfurt, der aufstrebenden Stadt, und im gesamten Land zu einer verspäteten Blüte gebracht hat. Der junge Ingenieur und Firmengründer Heinrich Kleyer „fasste den Entschluss, diesem schönen und gesunden Sport auch in seiner Heimat eine möglichst große Verbreitung zu verschaffen". So heißt es in einem Bericht zur Gründung der Adlerwerke 1895, der sich heute im Institut für Stadtgeschichte in Frankfurt befindet.

Heinrich Kleyer bringt Frankfurt einen fundamentalen Wandel: Er sieht sich als Unternehmer mit neuen Ideen. Und er glaubt an die Zukunft auf zwei Rädern. Kleyer weiß, das Geschäftsfeld „Radfahren" liegt in Deutschland, und in Frankfurt im Besonderen, noch weitgehend brach.

Alles beginnt nach einem Besuch in den Vereinigten Staaten: 1879 reist Heinrich Kleyer die USA. Er nimmt sich Monate lang Zeit und sieht sich zunächst verschiedene Orte des Maschinenbaus an. Zum Jahrestag der Amerikanischen Revolution am 4. Juli ist er bei Feierlichkeiten in den Straßen Bostons dabei. Dort sieht er ein Hochrad-Rennen. Und ist völlig begeistert: toller Sport, gute Stimmung.

Deutschland steckt beim Radfahren zu dieser Zeit noch in den Anfängen, das neue Fortbewegungsmittel ist hier noch weitgehend unbekannt, spielt in der Öffentlichkeit neben Droschken und Pferden kaum eine Rolle. Heinrich Kleyer glaubt, dass sich das ändern sollte. Er will das Radfahren aus der Nische holen, wenn er erst aus Boston, der übersichtlichen Stadt an der Ostküste, zurück ist.

Zur gleichen Zeit liefern sich in England Ion Keith-Falconer und John Keen einen erbitterten Zweikampf. Keith-Falconer, ein junger Schotte, hat gerade erst sein Studium der Arabistik in Cambridge zu Ende gebracht und verdient nun sein Geld als „Amateur-Herrenfahrer" bei Bicycle-Rennen. Wie bei Pferderennen können die Besucher Wetten abschließen, die Sportler Preisgeld gewinnen. Keith-Falconer besiegt den damals besten und überaus populären Berufsfahrer Keen. Der ist selbst auch Bicycle-Hersteller, von denen es zu diesem Zeitpunkt im Vereinigten Königreich schon eine ganze Menge gibt.

Großbritannien und die USA sind bei der Produktion von Fahrrädern ganz vorne dran. In den beiden Ländern sind die neuen Bicycles längst ein ökonomischer Faktor: Dortige Produktionsstätten bauen bereits nach Hunderten zählende Räder. Auch in Frankreich tüfteln Konstrukteure auf Hochdruck an den neuen Gerätschaften, um Alternativen für Kutschen und Pferde zu finden, auch um Post und andere Waren zu transportieren.

In Deutschland hatte das Hochrad zwar von den 1870er Jahren an eine gewisse Aufmerksamkeit genossen. Sprösslinge aus wohlhabendem Hause wählen diese extravagante Variante: Sie setzen sich auf den Sattel, um Frauen zu imponieren. Schließlich fängt man mit dem

Hochrad neugierige Blicke. Junge Kerle genießen es offensichtlich, sich die Welt der Flaneure von oben anzusehen. Mit einem solchen Rad kann man zwar ausgesprochen zügig unterwegs sein, als Transportmittel für alle taugt es jedoch nicht.Denn die hohen Gerätschaften sind teuer.

Eine ganz schön elitäre Angelegenheit. Und eine nicht ungefährliche, bei der Fahrt auf einem Hochrad sind Knochenbrüche inklusive. Wer vorne rüber stürzt, muss mit schwersten Blessuren rechnen.

Von einem Geschwindigkeitsrausch, der sich womöglich bei der Fahrt mit einem Rad entfalten könnte, schwärmt am Anfang des 19. Jahrhunderts keiner. Es geht vielmehr um Fragen des Überlebens: Hungersnöte setzen den Menschen während der langwierigen Napoleonischen Kriege zu, der Transport von Getreide erweist sich als Problem. Das Laufrad des Barons Karl von Drais verspricht Hilfe. Es würde Kutschfahrten durch einen Transport ohne Pferde ersetzen können. Mit einem außergewöhnlichen Tempo jedoch brachte das neue Transportmittel keiner in Verbindung: Der Erfinder selbst, von Haus aus Förster, probiert seine Laufmaschine mit zwei Rädern, verbunden durch einen Holzsteg und angetrieben durch die Kraft der Beine, in Schwetzingen aus – und schafft acht englische Meilen in etwas weniger als einer Stunde. Das entspricht einer Geschwindigkeit von 13 Stundenkilometern, wie Hans-Erhard Lessing und Tony Hadland in ihrer Evolutionsgeschichte des Fahrrads berichten.

In der Gegenwart erlebt die Laufmaschine von Karl Drais eine späte Renaissance als Kinderrad zu Übungszwecken: Ohne Kurbel und Pedale trainieren Kinder auf den handlichen Vehikeln das Balance halten.

Durchaus rasant. Drais selbst empfiehlt, bei der Fahrt die eigenen Füße nur zurückhaltend als antreibendes Element einzusetzen. Der Nürnberger Mechaniker Carl Johann Siegmund Bauer notierte 1817 in der „Anleitung zum Gebrauch der Maschine", die man zum 200. Jahrestag ihres Erscheinens neu aufgelegt hat: Bei der Anwendung „setzt man sich fest in den Sattel, legt die Arme auf das Querstück und die Hände auf den Bogen, zuerst langsam, dann immer schneller, indem man das Gleichgewicht des Körpers und der Maschine mit den Armen zu erhalten sucht. Dadurch kommt der Wagen sehr stark in Bewegung, so dass man zuletzt kaum nöthig hat, den Boden mit den Füßen zu berühren." Die Maschine von Drais, das stellte Bauer heraus, besaß auch eine sozialpolitische Dimension – die Gemeinnützigkeit. Bauer fügt dazu unter der Überschrift „Einige Angaben zur Gemeinnützigmachung des v. Drais'schen Wagens" überaus weitsichtig zum „gemeinen Besten" an: „Wenn auch die Anwendung des v. Drais'schen Wagens bei den höhern Ständen den verdienten Beifall nicht gewinnen sollte, so würde doch der Gebrauch derselben für das gemeine Beste von großem Nutzen seyn; zu diesem Behuf müßte er aber so eingerichtet werden, dass man eine gewisse Last darauf packen könnte."

Urtyp des Fahrrads

Einen entscheidenden Schub für die weitere Entwicklung erlebt das Zweirad in den 60er Jahren des 19. Jahrhunderts – eine Tretkurbel in der Nabe des Vorderrades. Damit ist der Schritt zum Fahrrad gemacht. Man schreibt diese Erfindung Pierre Michaux zu.

Die ersten Modelle des Vélocipède mit schmiedeeisernem Rahmen und Holzrädern, von einem eisernen Rahmen bereift, wirken schwerfällig. Auf Kopfsteinpflaster hatten die Fahrer harte und holprige Touren vor sich. „Knochenschüttler" nannte man deshalb die neuartigen Maschinen. In den Niederlanden, Deutschland und Österreich baute man das Michaux-Velociped gleichwohl schon bald nach.

Auf Michaux soll auch die Idee zurückgehen, für Käufer seiner Fahrräder Kurse in einer Halle nahe der Produktionsstätte anzubieten, um sich abseits der Öffentlichkeit mit dem Fahrgerät vertraut zu machen. Sie übten mit der neuen Maschine, ohne sich der Lächerlichkeit preiszugeben. Der Krieg 1870/71 zwischen Deutschland und Frankreich jedoch bringt auch die Produktion der Vélocipèdes in Frankreich ans Ende. Während britische Hersteller auf das neue Bicycle bauen, büßt Frankreich die bis dahin führende Rolle im Fahrradbau ein. Die Erfindung der Hochräder sorgt für Aufsehen: Die spektakulären Gerätschaften mit einem riesigen Vorderrad und einem winzigen Hinterrad. Und sie sind erstaunlich flink.

Mittlerweile stellt niemand mehr die Frage, ob ein Radfahrer schneller ist als ein Fußgänger. Selbst in der Konkurrenz mit einer Kutsche kann sich der Pedalist behaupten. Und Carl Benz, Pionier des Automobilbaus, zeigt sich von dem neuen Fortbewegungsmittel begeistert. Er ist vor allem aber fest überzeugt: Man kann „pferdelos fahren". Das ist fortan die Formel für Fortschritte der Mobilität.

13 Stundenkilometer bei Drais, zu Tempo 30 in einem Wettrennen mit dem Hochrad.

„August, August"

August Lehr wusste das Hochrad überaus zu schätzen. Der Weltmeister aus Frankfurt setzte auch nach der Erfindung des ungefährlicheren Niederrads bei seinen Rennen zunächst weiterhin auf dieses Modell für die mutigen Radler.

Etwa dann, wenn er im Namen des „Bicycle-Clubs" an den Start geht. „August, August", feuern ihn seine Fans immer wieder auf der Bahn im Palmengarten an. Der junge Mann lässt sich von der schnellen Fahrt in luftiger Höhe, die mit einem gekonnten Aufschwung in den Sattel zu erreichen ist, alles andere als abschrecken. Um mit dem Fahrrad richtig Tempo zu machen, kann sich Lehr eine andere Variante des Fahrgeräts zunächst überhaupt nicht vorstellen.

Und damit ist er überaus erfolgreich. 1889 siegt er bei den offenen englischen Meisterschaften im Hochradfahren – gerade mal zwei Jahre nachdem er das Radfahren gelernt hat. Sieg für August Lehr. Eine absolute Sensation, für einen, den neben ausgewiesenen Fachleuten überhaupt noch keiner kennt: August Lehr, Frankfurt am Main, 18 Jahre alt. Nicht zu fassen. Mit einem Schlag macht Lehr den Bicycle-Sport populär. Frankfurt steht Kopf.

Das Hochrad ist etwas ganz besonderes. Ganz anders als frühere Modelle, viel erhabener. Die Fahrrad-Kenner Lessing und Hadland nennen es den „König der Straße". Das Hochrad bietet Tempo und Gefahr, beides wissen vor allem junge Fahrer zu schätzen. Trotz und womöglich auch wegen mancher Berichte aus zeitgenössischen Radzeitungen: So habe ein Fahrer bei einem furchtbaren Sturz „schreckliche Verletzungen" erlebt, die ihn „zu einem fast hoffnungslosen Fall" machten. Doch der Fall nimmt eine kaum noch für möglich gehaltene Wendung: Im Krankenhaus kommt der Mann wieder „mit der robusten Vitalität eines Bicyclisten zu Bewusstsein" und habe sich noch „glücklich erholt".

In seinem Handbuch für Kenner von 1879 preist Henry Sturmey diese auffallende Form des Fahrrads: Das Hochrad hätte man „fast für einen perfekten Artikel halten können, so stark, schnell, gut aussehend und fast lebensnah war es geworden."

Doch das Hochrad bleibt eine unsichere Sache, ein Abenteuer, nichts für den Alltag. Dafür erweist es sich als „evolutionäre Sackgasse", urteilen die Fahrrad-Chronisten Lessing und Hadland. Klingt niederschmetternd. So wie es Mark Twain bereits 1884 in seinem Essay „Wie man ein Hochrad zähmt" auf den Punkt gebracht hatte: „Nimm ein Hochrad. Du wirst es nicht bereuen, falls du es überlebst."

Nach anfänglicher Skepsis, steigt August Lehr 1893 schließlich doch auf das Niederrad um und greift auch auf diesen Rennmaschinen nach größten Erfolgen. Im schnittigen Dress des Bicycle-Clubs Frankfurt mit dem roten Adler auf der Brust wird er 1894 in Antwerpen Weltmeister. Allerdings auf einem Rad der Firma Opel aus Rüsselsheim, einem Niederrad.

August Lehr, heute weitestgehend in Vergessenheit geratener früher Star des Radrenn-Sports, schafft im Laufe seiner Karriere 260 Siege. Lehr war der erste deutsche Radrenn-Star und machte den neuen Sport weit über seine Heimatstadt populär. 1921, gerade 50 Jahre alt, erlag er bei einer Bootstour einem Herzinfarkt.

Die Brüder Adam und Fritz von Opel errichteten 1925 ein Denkmal am Waldstadion ihm zu Ehren. Beim Umbau des Stadions für die Fußball-Weltmeisterschaft 2006 verschwand die Bronze-Skulptur leider bis auf einen Arm.

Künftig soll das Transportmittel Fahrrad seinen Nutzern auch Sicherheit bieten. Konstrukteure lassen sich von dem grundlegenden Gedanken leiten, neue Modelle mit Rädern vorn und hinten mit kleineren Durchmessern und verschiedenen Funktionen auszuprobieren: Das eine Rad ließe sich für den Antrieb nutzen, das andere für die Lenkung. Das Gestänge des Rahmens sollte sich an einem Viereck, einer Raute, „diamond", Diamant genannt, orientieren.

Fertig: 1885 entsteht ein Modell mit Diamantrahmen, ein mit Hinterradantrieb ausgestattetes Niederrad. Die erste Variante des Modells „Rover", die bis heute gängige Form des Fahrrads. Keine andere Rahmenform, das bewährt sich, bietet bei gleichem Materialeinsatz dieselbe Stabilität: Ende der 1890er-Jahre entwickelt sich der Diamantrahmen zu der Form, die bis heute vorherrscht. Die Sensation: Das neue Fahrgerät lässt sich als Verkehrsmittel des Alltags nutzen. Das bedeutet nicht weniger als die Erfindung des Fortbewegens für alle. Ein Meilenstein in der Geschichte der Mobilität. Mit vielen Weiterungen. Das Fahrrad macht mobil. Unabhängig. Glücklich.

Heinrich Kleyer spürt das. Er ist Pionier und Trendsetter. Er hatte ein Näschen auch dafür, dass sich mit dieser Erfindung Geld verdienen lässt.

Radfahren ist ein Erlebnis. Heinrich Kleyer hat nach den Rennen am 4. Juli 1879 in Boston nicht den Hauch eines Zweifels. Die Stadt an der Ostküste der USA mit ihren kurzen Wegen erinnerte ihn an Frankfurt: Radfahren ist etwas, das man selbst erleben muss, etwas, das man sich nicht erzählen lassen kann, um Begeisterung zu empfinden. Etwas ganz besonderes: Radfahren in der Stadt, nah an den Orten, die man kennt, vertraute Umgebung. So etwas sollte man sich in Frankfurt nicht entgehen lassen.

Mit dem Bau von Fahrrädern konnte man Neues schaffen. Im großen Stil. Das gesamte Land würde über Frankfurt am Main sprechen. Von Balance auf zwei Rädern. Ganz so, wie es Kleyer bei den Amerikanern gesehen hatte. Jetzt stand die Produktion des Geräts, das man mit der Kraft seiner eigenen Beinmuskulatur voranbringen konnte, für den Aufbruch zur Freiheit. Dachte sich Kleyer. Und, offen gestanden, er konnte sich nicht vorstellen, dass irgendjemand das anders sieht.

Was er in den USA erlebt hatte, sprach für sich: Dort erfreute sich das Fahrrad in der Bevölkerung wachsender Beliebtheit. Verschiedene Hersteller von Velos fanden für ihre Produkte gute Nachfrage, in Deutschland sprang bislang noch kein Funke über. Kleyer wollte das nicht auf sich bewenden lassen.

Er traute sich was, war von seiner Idee beseelt. Er wagte etwas Neues. Frankfurt am Main, daran konnte es für ihn überhaupt keinen Zweifel geben, würde schon bald eine andere Stadt sein.

Nach den Radrennen zum Gedenken an die amerikanische Unabhängigkeit, die Heinrich Kleyer in Boston miterlebt hat, hegt der 26-Jährige keinen Zweifel: Radfahren versetzt die Menschen in schiere Begeisterung. In Frankfurt am Main würde das allein eine Frage der Zeit sein, bis der Bicycle-Boom einsetzt. Für Kleyer ist klar: Zurück in Deutschland will er das Fahrrad auf den Markt bringen und den Frankfurtern das Radfahren „schmackhaft" machen. Der junge Unternehmer nimmt sich vor, von Frankfurt aus eine Velo-Begeisterung zu entfachen.

Heinrich Kleyer, der an der Technischen Hochschule in Darmstadt aus-gebildete Ingenieur, ist zurück aus Übersee und beseelt von dem neuen Mittel der Fortbewegung. Das ist der Stoff, von dem er sich Dynamik verspricht. Die Zuschauer der Radrennen, den Eindruck nimmt Kleyer mit nach Hause, reden eigentlich über nichts anderes mehr. Wie die Briten im Übrigen auch: Eben als Leute, die Maßstäbe setzen.

Kleyer gefällt das. Radrennen auf den Straßen der eigenen Stadt – das würden sich Frankfurter doch nicht zweimal sagen lassen. Zu-nächst eröffnet er Anfang März 1880 eine Maschinenhandlung in der Bethmannstraße 8. Genauer: eine „Maschinen- und Velocipedhand-lung". Dort verkauft er Hochräder, die er aus England importiert. Es ist ein Anfang. Denn Kleyer hat noch einiges vor: Der junge Unternehmer will in Frankfurt am Main Weichen stellen, die Welt der Mobilität verändern.

Heinrich Kleyer, technikbegeistert und geschäftstüchtig, verfolgt ehrgeizige Pläne. Selbst wenn sich die Nachfrage nach Fahr-rädern in Deutschland längst nicht mit der in Großbritannien und den USA vergleichen lässt, zweifelt er, beflügelt von den Eindrücken aus Boston, keinen Moment lang: Velos sind angesagt. Kleyer eröffnet sein „Fahrradhaus" in der Bethmannstraße, um die Frankfurter mit Importware neugierig zu machen. Und schon ein Jahr später lässt er in der Maschinenfabrik „Spohr & Krämer" Räder nach seinen Vorgaben fertigen. Kleinere Dienstleister bieten in ihren Geschäften im Frank-furter Bahnhofsviertel mittlerweile allerhand Zubehör für Radfahrer an, unter anderem Lampen, Tempomessgeräte und Ersatzteile.

Da entwickelt sich was. Doch zunächst hat der clevere Unter-nehmer Heinrich Kleyer in seiner „Maschinenhandlung" noch eine breitere Palette im Angebot. „Zur größeren Sicherheit", wie Firmen-Chronist Heinrich Schmitt schreibt. Schief gehen sollte in dieser An-fangsphase bloß nichts. Bei der Eröffnung des „Fahrradhauses" in der Bethmannstraße sei das Geschäft mit den Velocipeden noch eher „be-scheiden gewesen", befindet Schmitt. Auf das Fahrrad mochte noch keiner setzen. Doch das ändert sich rasant: Bereits drei Jahre später muss Heinrich Kleyer in größere Geschäftsräume im Westflügel des Hotels „Frankfurter Hof" umziehen. Sein Laden braucht mehr Platz, denn Kleyer hat die Generalvertretung für Fahrräder von den bri-tischen Herstellern „The Coventry Machinists Co." und „Singer & Co. Starley Brothers" übernommen.

Sonntag, 24. April 1881. An diesem Tag kommen vormittags im Kleyerschen Geschäftslokal in der Bethmannstraße 8 geladene Gäste zusammen, um den „Frankfurter Bicycle-Club" zu gründen. Es gilt, das Radfahren bekannt zu machen. Und da braucht es Vorbilder, das ist Kleyer klar. Da reicht es nicht, mit der Qualität der eigenen Produkte zu werben. Denn zunächst müssen die Leute vom Fahrrad-Fieber erfasst werden. Das hat er bei den Radrennen in Boston gelernt: Begeisterung, die sich rumsprechen muss. So sollte der neue Frankfurter „Club" bei einer zweiten Versammlung gerade vier Tage später, Anschaffungen tätigen: Ein altes Bicycle und eines „mittlerer Größe" sollten fortan für den Verein werben, gemeinschaftliche Ausfahrten zum regelmäßigen Programm des „Clubs" gehören.

Radler können dafür auf unterschiedlichen Untersätzen üben: Auf dem Hochrad, nicht anders als auf einem Niederrad, das als Modell „Rover", britischer Bauart, ab Mitte der 1880er Jahre zur Verfügung stand. Für die Ausfahrten galt als eherne Regel: Größte Rücksicht sei auf Fußgänger zu nehmen. Mitglied in dem „Club" zu sein, verband sich mit ganz Besonderem: Mit eigenwilliger Kleidung. Etwa einem dunkelblauen Radleranzug, der durchaus schmuck wirkte. Besonders begehrt ist das Monogramm des Clubs: Das Abzeichen eines goldenen Adlers. Um Mitglied im Club werden zu können, musste man vorgeschlagen werden. Wer dazu gehören durfte, wusste – es ist eine exklusive Sache. Schließlich war das Radfahren zu Anfang noch eine teure Angelegenheit. Ein Sport für das gehobene Bürgertum. Für die Mutigen unter ihnen. Trotz mancher Extravaganz steht zu diesem Zeitpunkt für manchen Zeitgenossen außer Frage: Das breite Interesse fürs Rad muss noch geweckt werden. Denn bei den einen löst das Velo bereits Begeisterung aus, andere machen sich lustig über die Pioniere auf den neuen Gerätschaften. Und sie werden auch offen angefeindet.

Die Erwartungen sind groß. Zugleich aber sehen sich die Mitstreiter des „Bicycle Clubs" vielen Feinden gegenüber: „Nicht nur die Fußgänger, auch die Fuhrleute, überhaupt alles, was sich damals auf der Landstraße bewegte, war gegen das Rad eingestellt", heißt es in einer Denkschrift des „Clubs". Es habe nicht an Schimpfwörtern und höhnischen Bemerkungen gemangelt: „Auch die Zeitungen eiferten gegen unseren Sport, den ‚neuen Unfug', und die ‚englische Modetorheit'", wie man ihn nannte.

Viele Jahre lang habe „dieser Kampf" gedauert, noch 1892 habe es in den Zeitungen „eine verbissene Hetze gegen die Radfahrer" gegeben, „die man am liebsten ganz von der Straße verdrängt hätte".

Die Frankfurter Polizei erwies sich offenbar als behilflich: 1895 verhängte Polizeipräsident Freiherr von Müffling ein Rad-Fahrverbot für die gesamte Innenstadt. Wer dort mit seinem Velo nicht dringlich etwas zu erledigen hatte, sollte nach 10 Uhr am Vormittag in der City und auf den Brücken der Stadt nicht mehr mit seinem Zweirad anzutreffen sein. Gegen den geballten Widerstand setzten sich die Radfahrer zur Wehr: Um gemeinsam auftreten zu können, hatten sich die Pedalisten bereits 1884 in Leipzig als „Deutscher Radfahrer-Bund" zusammengetan. Die Untergliederung in Frankfurt hieß „Gau 9 Frankfurt a. M.". Gau-Fahrwart wurde, natürlich, Heinrich Kleyer. Der Mann war einfach ein Strippenzieher. Und hat sich alles andere als lumpen lassen. „Unsere Gruppe", bilanzierte er selbst mit einem gewissen Stolz, bestand aus einem Zwölfsitzer, einem riesigen Tandem-artigen Gefährt mit zwölf Satteln. Ein Konstrukt, das „von den Adlerwerken in uneigennützigster Weise zur Verfügung gestellt worden war".

Zum Team gehörten auch „8 Hochradfahrer und eine 20 Kopf starke Mannschaft von Niederradfahrern, alle einheitlich in Kleidung und Schmuck, einem in schönen Farben gehaltenen Feldblumenstrauß, wie er zum Tourenfahrer passte", so der blumige PR-Stil. Im Bicycle-Club spürte man die größte Bedeutung des „Radrennwesens für die Entwicklung und Verbreitung unseres schönen Sports".

1886 richtete Kleyer sein Unternehmen im Fahrradhaus in der Gutleutstraße 9 ein. Kleyer setzte, zumal aus heutiger Sicht, Maßstäbe: Er trennte sich von „Spohr & Krämer" und gab seiner Idee, in Frankfurt am Main selbst Fahrräder zu bauen, einen großzügigen Rahmen – mit einem für das Publikum zugänglichen, offen wirkenden neunstöckigen Fahrradhaus, das der Architekt Heinrich Theodor Schmidt in den Jahren 1885 bis 1886 für ihn baute. Eine erhaltene Querschnitts-Abbildung des Gebäudes zeigt ein prächtiges Entrée, Büro-, Verkaufs- und Montageräume. Im Dachgeschoss konnte unter hohen Decken und Kronleuchtern das Radfahren vorgeführt und geübt werden – unter wahrlich fürstlichen Bedingungen. Das Gebäude im Stil der Neorenaissance passte sich den Häusern der Nachbarschaft an, „allein die Statue eines ‚Velociped-Fahrers' im Zentrum der Fassade gab einen Hinweis auf die Nutzung des Gebäudes", schreibt Ulrich Rödel in seinem Sammelband Frankfurter Industriebauten. Ein prächtiges Haus, das auf dem Dach in großen Lettern auf den Namen seines Erbauers verwies: „Heinrich Kleyer", und auf dem seitlich freistehenden obersten Stockwerk konnten man in weißen Lettern lesen: „Hch Kleyer Velocipede".

Das erste Fahrrad aus Heinrich Kleyers eigener Produktion hieß 1886 „Adler" – ein Niederrad.

Für Neugierige tat sich die Möglichkeit auf, auf 900 Quadratmeter Fläche im Saal unter dem Dach des Hauses das Radfahren zu üben: In einem „Fahrradsaal", den Kleyer eigens einrichten ließ, probierten sie das Fahren aus – auf Hochrädern wie auch auf Niederrädern. Sie trainierten in dem Fahrradhaus, um bestehen zu können vor den Augen derer, die sich der Faszination des Neuen noch nicht hingegeben hatten. Gleichzeitig gaben sie mit der geheimnisvollen Mission ihren Mitmenschen auch zu verstehen: Radfahren ist eine Kunst, die man selbst beherrschen sollte.

Kleyer zweifelte nicht daran, den richtigen Zug gemacht zu haben. Viele wollten sich sein Fahrradhaus ansehen.

Adam Opel machte Station, um bei Kleyer Hochräder für seine fünf Söhne zu kaufen. Wenig später entschloss sich der Rüsselsheimer Nähmaschinen-Fabrikant dazu, selbst auch in die Fahrrad-Produktion einzusteigen.

Keine zehn Jahre nach dem Start der Produktion von Fahrrädern im Frankfurter Gallus fertigten die Fahrradbauer in Kleyers Unternehmen bereits den 100.000 „Adler". Heinrich Kleyer hatte das richtige Gespür bewiesen. Und im symbolischen Sinne wirkt auch das Wappentier bester Stimmung, das – der graphischen Darstellung zufolge – auf einem Reifen den Sog des Wassers nutzte, um wie beim Wasserski die eigene Fahrt spektakulär abzubremsen: „Frankfurter Radler fahren Adler", dieser Slogan war mittlerweile in aller Munde.

Das Radfahren wird erschwinglicher, Kleyers Unternehmen baut jetzt das Rad für alle. Fahrradfahren wird rasch populär, nicht mehr wegzudenken aus dem Alltag, hält Professor Paul Schiefferdecker in seinem Text über „das Radfahren und seine Hygiene" Anfang Juni 1900 fest: Das Radfahren habe eine solche Verbreitung gefunden, „dass es nicht mehr als ein Sport, sondern direkt als eine Volksgewohnheit angesehen werden muss."

Während ein Facharbeiter 1870 mit einem Monatslohn von 110 Reichsmark lange hätte sparen müssen, um sich für etwa 750 Reichsmark ein Fahrrad leisten zu können, kostete es im Jahr 1899 noch 210 Reichsmark, 1907 gerade mal 53 Reichsmark. In diesen Jahren gab es rasante Produktionssteigerungen: Stellte man 1882 in Deutschland 2500 Räder her, entstanden 1888 bereits zehnmal soviel. 1894 knackten die Hersteller die Marke von 120.000 Stück. Drei Jahre später waren es weltweit schon zwei Millionen Räder. Deutschland lag mit 350.000 Stück an dritter Stelle. Die USA führten die Statistik mit 900.000 Exemplaren an, Großbritannien kam auf 500.000 Bicycles. Der erste Fahrrad-Boom.

Mit einem Frühjahrs-Velociped-Wettfahren eröffnet die neue Rad-rennbahn am 15. Mai 1887. „Präcis 2 Uhr", berichtet Radsport-Experte Peter Schermer, hätten sich die Fahrer versammelt, anderthalb Stunden später starten die Wettfahrten auf der neuen Bahn im Palmengarten. Die befindet sich nach Ansicht von Fachleuten in einem guten Zustand, da das 400 Meter lange und sechs Meter breite Oval nach starken Regenfällen zügig wieder abgetrocknet sei.

Die Aufgabe des „Ablassers" hat man Heinrich Kleyer selbst übertragen. Dieser soll wie ein Schiedsrichter dafür sorgen, dass sich alle Mitfahrer an die Regularien halten. Offiziell gab es bei den Rennen unter Amateuren keine Preisgelder, doch die Sieger der Hauptrennen erhielten üppige Geschenke, nach dem Bericht Schermers „Frucht-Körbe im Wert von 300 Mark". Sitzplätze für das Publikum kosten an diesem Tag im Mai „nummeriert" und im Vorverkauf vier Mark, an der Tageskasse fünf Mark. Um erfolgreichen Sportlern die Möglichkeit zu geben, ihre Prämien einzutauschen, bot der Bicycle-Club Gutscheine an. Chronist Schermer berichtet von Sportlern, die mehr als 40 goldene Uhren angesammelt hatten.

Als die Palmengartengesellschaft den Bau einer als zeitgemäßer geltenden Rennbahn mit höheren Kurven ablehnt, da man den Einsatz von Motorrädern als „Schrittmacher" befürchtet, zeichnete sich ab, die Wettbewerbe würden an diesem Standort nach gerade mal acht Jahren ein Ende finden. Das letzte Rennen startete man im August 1895. Der Palmengarten gehörte – neben der Rennbahn am weit entfernt gelegenen Oberforsthaus im Süden der Stadt – um die Wende zum 20. Jahrhundert zu Frankfurts berühmten Sportstätten für frühe Velocipedisten.

Frankfurter wissen Radrennen zu schätzen: 1903 entsteht an der Mainzer Landstraße die Zementbahn, 1910 eröffnet man zwischen Festhalle und Emser Straße eine schnelle Holzbahn für Motorrad- und Steher-Rennen, wie sich eine spezielle Ausdauerdisziplin im Bahnradsport nennt. In der jungen Frankfurter Festhalle startet 1911 das erste der später legendären Sechstagerennen. Blieb diese erste Veranstaltung zunächst noch Episode, drehte sich „der Sechstagekreisel" zwischen 1928 und 1933 nach einem Bericht von Thomas Bauer mit großer Resonanz unter den 10.000 Zuschauern im Innern der Bahn. Nach 145 Stunden haben der Breslauer Willy Rieger und sein Schweizer Partner Emilio Richli etwa im Dezember 1928 die Nasen vorn. Später werden die Sechstagerennen mit einigen längeren Unterbrechungen von Rund-um-die-Uhr-Rennen zu mehrtägigen Radveranstaltungen mit verschiedenen Einzelwettbewerben. 1983 läuft das letzte Sechstagerennen in Frankfurt. Rekordsieger ist übrigens der Frankfurter Lokalmatador Didi Thurau: Wie der Belgier Patrick Sercu schafft er fünf Siege unter dem Kuppeldach der Festhalle.

Als Kommune nimmt sich Frankfurt in der Hochzeit des Fahrrad-Booms unter der Ägide des umsichtigen Oberbürgermeisters Franz Adickes (1891-1912) eines Tätigkeitsfeldes an, das man später Infrastruktur nennt. Es tut sich was in Frankfurt: Wohnungen werden gebaut, Wasserwege erschlossen und eine lange ersehnte Universität wird gegründet. Adickes war einer „der ersten sich praktisch betätigenden Munizipal-Sozialisten", würdigte sein Nachfolger Ludwig Landmann das Wirken des Frankfurter Stadtoberhaupts in einem Nachruf. Schließlich sei er „allzu rücksichtslosem privatwirtschaftlichen Treiben zunächst auf dem Gebiete der Stadterweiterung und Bodenpolitik entgegengetreten".

Unter seiner Ägide entstehen neue Wohnungen für Industrie-arbeiter im Riederwald. Adickes fördert den Bau des Osthafens, macht sich für die Frankfurter Festhalle stark, bemüht sich um die Expansion Frankfurts durch Eingemeindungen. Bornheim und Bockenheim gehören seitdem zu Frankfurt am Main.

Adickes nahm auch die Industrialisierung Frankfurts in den Blick. Bis dahin hatte die industrielle Produktion in der Freien Handelsstadt Frankfurt eine eher marginale Rolle gespielt. Bis zur zweiten Hälfte des 19. Jahrhunderts hatte sich die Stadt auf den internationalen Großhandel gestützt, von einer Öffnung für die Industrialisierung konnte „noch nicht die Rede sein", bilanziert der Historiker Dieter Rebentisch. Frankfurt, die geschichtsträchtige Handelsstadt, die ihrer Vergangenheit verhaftet war, mangelte es an Impulsen – ökonomisch wie politisch. Erst im letzten Drittel des 19. Jahrhunderts geraten auch in Frankfurt „Fabrik, Arbeiterschaft und Industriestadt" als „neue, gesellschaftsprägende Wirklichkeiten" in den Blick, wie der Geschichtswissenschaftler Thomas Nipperdey hervorhebt.

Adickes nutzt 1891 mit der Internationalen Elektrotechnischen Ausstellung die Gelegenheit, das Quartier rund um den 1888 eröffneten Hauptbahnhof neu gestalten zu lassen. Immerhin hatten sich mittlerweile zehn Unternehmen gegründet, die elektrische Apparaturen bauten. Zehn Jahre nach der ersten Internationalen Elektrizitätsausstellung in Paris könnte es durchaus neuen Anschub für die Branche geben. An zentraler Stelle in Frankfurt sollte die Ausstellung öffentlich präsentieren, wie leistungsfähig Unternehmen wie Hartmann & Braun und W. Lahmeyer & Co inzwischen waren. Leopold Sonnemann, Herausgeber der

„Frankfurter Zeitung", hatte für die Ausstellung geworben, Oskar von Miller übernahm die technische Leitung – unter anderem für ein Projekt, das bis heute mit der Frankfurter Ausstellung öffentlichkeitswirksam in Verbindung steht: „Eine Fernübertragung von hoch gespanntem Drehstrom, der aus der Wasserkraft des Neckars erzeugt worden war, über 175 Kilometer von Lauffen am Neckar in das Frankfurter Ausstellungsgelände hatte die Möglichkeit des weiträumigen Ferntransports elektrischer Energie und die Tauglichkeit des Drehstromsystems unter Beweis gestellt", bilanziert Dieter Schott in seiner Geschichte der europäischen Urbanisierung.

Stadtoberhaupt Adickes eröffnet die Ausstellung, zu der an 157 Tagen eine Million Zuschauer kommen, am 16. Mai 1891 mit nachdenklichen Worten: „Es geht ein Geist der Unruhe durch die Zeit, phantastische Vorstellungen erfüllen weite Kreise." Der sich vor allem um die Fortentwicklung der Infrastruktur seiner Stadt sorgende Kommunalpolitiker setzte hinzu: „Weil man an die Technik glaubt, erwartet man das Unmögliche von ihr; es ist die Zeit der Utopien."

Für den Historiker Joachim Radkau ist das ein Beleg für seine Beobachtung, in der zweiten Hälfte des 19. Jahrhunderts hätten die Herausforderungen der Technik dazu geführt, dass die Menschen ihre eigene Zeit als „Zeitalter der Nervösität" erlebten. Adickes ermuntert dazu, eine gewisse Skepsis zu bewahren, sich der Vorstellung des Fortschritts nicht fraglos anheim zu geben, sich also nicht nervös machen zu lassen. Man mag auf Fortschritt bauen, aber nicht bedingungslos darauf vertrauen, dass das, was als Entwicklung ohnehin in Gang sei, auch zwangsläufig zum Besseren führen müsse.

Und wer lässt sich in dem aufstrebenden Viertel rund um den Hauptbahnhof nieder? Heinrich Kleyer. Am Wiesenhüttenplatz 33, unweit des Hauptbahnhofs, lässt er sich 1891 von seinem Lieblingsarchitekten Heinrich Theodor Schmidt eine prächtige Villa bauen: Neobarock in rotem Sandstein im neuen Frankfurter Zukunftsquartier. Passender Wohnort für einen der Protagonisten des Wandels.

Mit dem neuen Hauptbahnhof spricht in Frankfurt alles für Expansion. Für die Elektrotechnische Ausstellung wählte man das Umfeld der kurz zuvor fertiggestellten prächtigen Station – neben dem Vorplatz und der Kaiserstraße auch die Gallusanlage und die Gutleutstraße. Ein weiträumiges Feld der Stadt, die mit der neuen Bahnstation deutlich macht, für die Zukunft Ambitionen zu haben.

Heinrich Kleyer, der junge Fuchs, ahnte: Das hat Potenzial. Er suchte die Nähe des vielversprechenden Umfelds. Beruflich und privat. Und er sollte Recht behalten. Die Geschäfte liefen gut, der Pionier expandierte alsbald. 1887 erwarb er ein 18 000 Quadratmeter großes Grundstück in der Höchster Straße im Gallus, die man später in Kleyer Straße umbenennt. Mit seinen Expansionsplänen und dem zwei Jahre später fertiggestellten Bau einer großen Fabrik gibt der clevere Radenthusiast und Unternehmer auch dem Prozess der Industrialisierung Frankfurts Impulse. Gleichzeitig sucht er für seine Produktionsstätten die Nähe zum Hauptbahnhof. Der neue Standort der Adlerwerke liegt auf dem Gutleuthöferfeld und gehört zu einem neuen Quartier, das die Stadt von 1887 an Fabrikbauten vorhält, um die Industrialisierung in Frankfurt voranzutreiben. Bereits zwei Jahre später eröffnet der Rad-Produzent an dieser Stelle seine erste Fabrik – mit 600 Beschäftigten. 1893 gehört Kleyer zu denjenigen, die auf den Schotten Dunlop in Irland aufmerksam werden. Kleyer beteiligt sich an der „Dunlop Pneumatic Tyre Company". Für die Fahrrad-Branche in Deutschland ein Quantensprung. Ein Katalog zum Verkauf von Adler-Rädern bietet fortan Bereifungen durch Dunlop Pneumatics „nach den besonderen Wünschen" und „von wohlbekannter vorzüglicher Qualität" an. Unbedingt, heißt es in der Werbung weiter, sei „streng darauf zu achten, daß die Pneumatics nur fest aufgepumpt gefahren werden, da sonst Defekte unvermeidlich sind."

Bereits 1895 macht er aus seiner Firma eine Aktiengesellschaft, die „Adler-Fahrradwerke, vormals Heinrich Kleyer". Grundkapital: 2,5 Millionen Mark.

Hergestellt werden Fahrräder für Damen und Herren. Die Produktion verzeichnet in den Jahren zwischen 1880 und 1904 enorme Wachstumsraten: Von Anfangs 9500 Mark Umsatz, steigern die Adlerwerke ihre Erlöse bis zum Jahr 1900 auf 4,8 Millionen Mark, um 1904 bei mehr als 7,1 Millionen zu landen. Immer mehr Menschen folgen dem Werbeslogan: „Frankfurter Radler fahren Adler". Werbung, die die Symbolik des Stadtwappens aufgreift.

Finanzstarker Fabrikant

Auf der Rangliste der größten Gewerbesteuerzahler Frankfurts findet sich 1910 neben den Bankiers Georg Speyer, Mayer Carl Rothschild und Theodor Stern, dem Fabrikanten Leo Gans, Wilhelm Merton von der Metallgesellschaft, in der Rubrik „Finanzstarke Fabrikanten" auf dem achten Platz: Heinrich Kleyer (Fahrrad).

„Erstmals in der Geschichte der Stadt", hält der Historiker Ralf Roth in seiner Studie über die Stadt und ihr Bürgertum fest, „traten in größerem Umfang Fabrikanten bei den großen Vermögen und damit in der wirtschaftlichen Oberschicht in Erscheinung".

Neue Produktpalette

Um die Jahrhundertwende erweitert Kleyer die Produktpalette um Schreibmaschinen und Autos. Zunächst erwirbt er eine Lizenz für die Schreibmaschine „Empire", später Adler Mod. No 7. Die Produktion von Autos sollte für Heinrich Kleyer bereits das dritte Feld werden, das sich der Frankfurter Unternehmer vornimmt.

Der Pionier des Fahrrads verdient fortan auch damit sein Geld: Von 55.000 Personenwagen, die 1914 im Deutschen Reich unterwegs waren, kam jeder Fünfte aus den Adlerwerken.

Bei der Produktion bauten die Adlerwerke von 1926 an hydraulische Bremssysteme ein, serienmäßig hergestellt von dem Frankfurter Unternehmer Alfred Teves, einem jüngeren Cousin von Heinrich Kleyer. Als junger Mann hatte Teves übrigens als Lagerist bei den Adlerwerken gearbeitet. Oldtimer-Fans treffen sich bis heute unter dem Label AMVC – „Adler Motor Veteranen Club".

Adlerwerke, KZ-Außenlager

Lange nach Heinrich Kleyers Tod 1932 scheuen seine Nachfolger in der Leitung des Unternehmens nicht davor zurück, in der Produktion der Adlerwerke Zwangsarbeiter einzusetzen. Mit Hilfe der SS machen sie aus dem Standort im Gallus einen Ort des Terrors.

Darüber hat man in Frankfurt über Jahrzehnte hinweg nicht gesprochen. Im Zusammenhang mit der Debatte um eine Entschädigung der NS-Zwangsarbeiter nahmen sich schließlich engagierte Bürger dem Schicksal dieser lange vergessenen Opfer an.

Nach dem Krieg habe man die Geschichte des Lagers „beschwiegen, verdrängt und vergessen", hebt die Historikerin Andrea Rudorff in ihrer Studie über „Katzbach – das KZ in der Stadt" hervor. Bis heute gehöre das Wissen über die Existenz des Lagers „nicht zum Allgemeinwissen der Frankfurter Stadtbevölkerung".

Die Erforschung des KZ-Außenlager geht auf akribische Recherchen von Ernst Kaiser und Michael Knorn zurück. Ihre Erkenntnisse flossen 1994 in die Monographie „‚Wir lebten und schliefen zwischen den Toten'. Rüstungsproduktion, Zwangsarbeit und Vernichtung in den Frankfurter Adlerwerken" ein. Kaiser und Knorn stellten das Lager, das unter dem Decknamen „Katzbach" existierte, im Rahmen der Geschichte der nationalsozialistischen Konzentrationslager als Außenlager des KZ Natzweiler-Struthof dar. Verantwortlich für seine Errichtung war die Adlerwerke AG, der zweitgrößte Frankfurter Industriebetrieb und viertgrößte Pkw-Hersteller im Deutschen Reich. Während des Kriegs hatte sich das Unternehmen zudem als „führender Schützenpanzerlieferant der Wehrmacht etabliert".

Das KZ-Außenlager in den Adlerwerken „hatte die höchste Sterblichkeit unter allen 28 KZ und KZ-Außenlagern in Hessen". Von den 1616 Häftlingen, die das Lager passierten, starben 692 schon während der Zeit im Lager. Juristisch blieben die Verbrechen folgenlos. Eine Gedenktafel erinnert mittlerweile an eines der grausamsten Kapitel der Stadtgeschichte. Inzwischen ist an dem Ort mit Hilfe des Studienkreises Deutscher Widerstand, dem Forschungsinstitut Fritz Bauer und der Stadt Frankfurt ein öffentlich zugänglicher Ort des Gedenkens entstanden. Nach dem Zweiten Weltkrieg sind die Adlerwerke diverse Male an Investoren, etwa die Schreibmaschinenfabrik Triumph Adler unter dem Computerhersteller Olivetti verkauft worden. Später stellte man die Produktion ein.

Das Gelände des Unternehmens im Gallus ging an den Baukonzern Philipp Holzmann und den Immobilienhändler Roland Ernst. Diese zeigten, wie die Deutsche Bank, vor allem Interesse daran, das exponierte Areal nahe des Hauptbahnhofs schnell zu Geld zu machen: Als weiträumiges Grundstück für das heutige „Europaviertel", dessen Bebauung kritische Zeitgenossen als überaus langweilig bezeichnen.

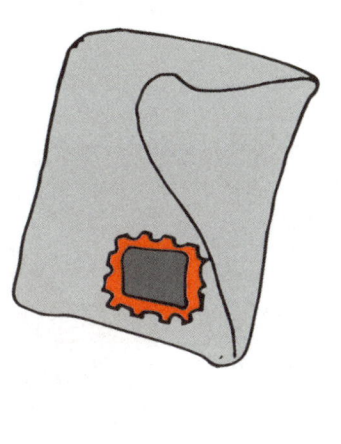

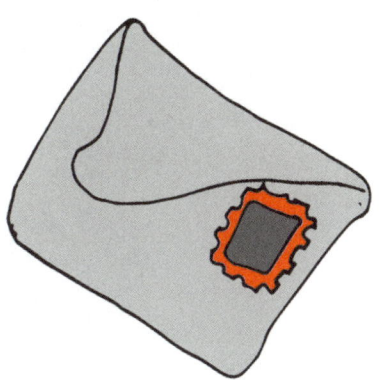

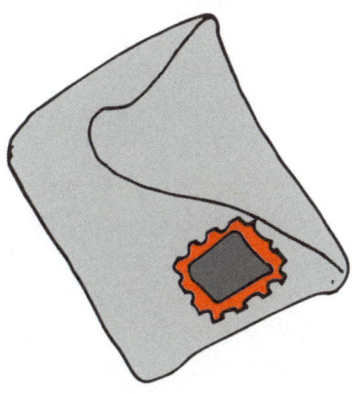

Vermutlich wissen die wenigsten, die an der heruntergekommenen Villa im Frankfurter Bahnhofsviertel vorbeikommen, wer dort einst wohnte: Der Mann, der den Grundstein für eine Frankfurter Fahrradkultur legte – Heinrich Kleyer.

Wiesenhüttenplatz 33, zentrale Lage: die Außenfassade in rotem Sandstein gehalten. Das Gebäude steht auf Hessens Denkmalschutzliste. Die Villa, die sich Heinrich Kleyer mitten im Bahnhofsviertel errichten ließ. Sie steht heute leer. Tauben haben ihre Spuren auf den floralen Ornamenten am Eingang hinterlassen, leere Zigarettenschachteln, Plastiktüten und Kippen liegen vor der Tür auf dem Boden. Hinweise auf den früheren Besitzer sind nicht zu finden. Direkt angebaut, findet sich ein Gebäude der Werkstatt Frankfurt, gegenwärtig genutzt als Anlaufstelle für Flüchtlinge aus der Ukraine. Zum Basler Platz hin grenzt ein Grundstück, das ein Immobilienfonds an zentraler Lage der Stadt bebaut, unmittelbar an das Kleyersche Areal. Kleyer suchte die Nähe zum Hauptbahnhof. Auch privat.

Einen Hinweis darauf, dass dort der Pionier der Radproduktion in Frankfurt gelebt hat, findet sich 2022 in dem Quartier nicht, das aus der Gründerzeit stammt.

An Heinrich Kleyer erinnert eine Grabstätte auf dem Frankfurter Hauptfriedhof in Gewann II, 191. Gleich gegenüber dem Haupteingang des Friedhofs, nicht zu übersehen: In der Mitte des Halbrunds aus weißem Sandstein findet sich der Hinweis auf den am 9. Mai 1932 verstorbenen „Dr. Ing. h.c. Heinrich Kleyer". Die Ehrendoktorwürde hatte ihm die Technische Universität Darmstadt 1911 verliehen.

Die frühere Höchster Straße im Gallus, ehemals Standort der Adlerwerke, heißt heute Heinrich-Kleyer-Straße. Eine Berufsschule am Dornbusch erinnert an den Pionier des Fahrrads in Frankfurt.

4.

EMANZIPATION
PER VELO

Die Radpionierin Ottilie Roederstein

Leidige Klamottenfrage

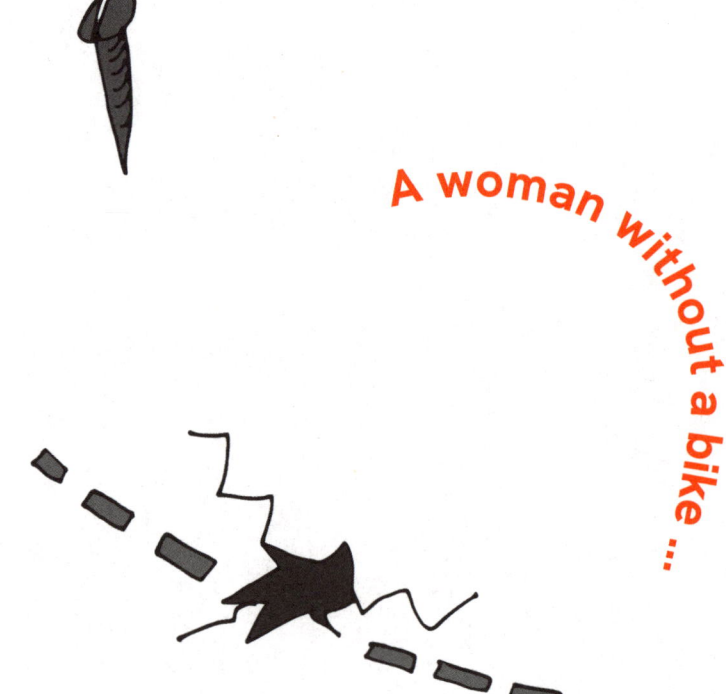

A woman without a bike ...

Girls on bike

Neue Vorbilder auf zwei Rollen

A woman without a bike ... Von Naomi Naegele

Zugegeben, es kam uns schon etwas weit hergeholt vor, den Schülerinnen des Frankfurter Goethe-Gymnasiums. Um nicht zu sagen: ziemlich speziell. Das, was Janice, die History-Lehrerin, ihren Eleven Ende der 1970er Jahre da mit einer gewissen Hartnäckigkeit servierte: Das Fahrrad hat die Frauen befreit. Die Emanzipation: undenkbar ohne das Rad. Dazu legte sie nostalgisch illustrierte Beweise von englischen Suffragetten mit riesigen Hüten auf Hochrädern vor.

Klar war – Janice, die Engländerin mit der kleinen, runden Brille, hatte eine Mission: Das Fahrrad, als Zentrum vielleicht nicht zwingend des Universums, ganz sicher aber als Motor der Frauen-emanzipation und Lösung vieler Zukunftsfragen. Damals, Ende der 70er Jahre, war das keineswegs Common Sense. Nicht nur puber-tierende Schülerinnen der Mittelstufe hatten komplett andere Sorgen. Das Fahrrad kam weiland gerne in Gestalt eines Klapprads oder Bonanzarads daher und war, trotz der vier autofreien Sonntage 1973, weit davon entfernt, als politisches Statement zu gelten. Geschweige denn als Lifestyle-Artikel oder Statussymbol: Das Lastenrad war am Horizont nicht mal zu erahnen ...

Gefühlte Lichtjahre später soll ich über Frankfurt, Fahrräder und Frauen schreiben. Da fällt mir natürlich zuerst eine ein: Janice. Inzwischen bestimmt das Rad zwar nicht unbedingt die Weltpolitik, doch ob in New York, Paris oder Barcelona: Radfahren steht auf der Agenda. Minister radeln in Berlin zur Vereidigung. Metropolen rund um den Globus haben zu Beginn der Corona-Krise gezeigt, wie die Verkehrswende schnell funktionieren kann: mit 117 Kilometern Pop-Up-Radwegen in Bogotá, immerhin 100 Kilometern in London und 95 Kilometern in Lissabon. Frankfurt lag mit zero Kilometern Pop-Up-Radwegen zwar nicht gerade an der Spitze der Bewegung, doch auch hier tut sich was. Auch wenn man der Stadt etwas mehr Mut wünschen würde. Nur einen Bruchteil vom Mut der Frauen, von denen Janice, die Pionierin, den Schülerinnen und Schülern des Frankfurter Goethe-Gymnasiums, schon vor etlichen Jahrzehnten erzählt hat.

Klar ist, eine Frau auf dem Rad war Ende des 19. Jahrhunderts eine Sensation. Die ersten Radfahrerinnen wurden gemobbt, mussten sich einiges an blöden Sprüchen anhören, Kutscher schlugen mit der Peitsche, fuhren sie an. Die plötzlich entdeckte Mobilität der Damen war einigen Herren überhaupt nicht geheuer. Heftige Geschütze wurden aufgefahren: Das Radeln galt – wie viele Dinge die Spaß machen – zunächst als unweiblich, unschicklich, gar unmoralisch. Schließlich brachen Frauen auf den Velocipeden reihenweise Tabus. Beim Aufstieg auf die hohen Gerätschaften, die frühen Hochräder, die Janice uns auf den nostalgischen Postkarten und Postern präsentiert hatte, wurden schließlich Knöchel entblößt, beim Radfahren ließen sich gar – shocking – Konturen des Körpers erahnen. Obskure Mediziner warnten, das Damenradeln während der Menstruation könne zu Geschwüren und Unfruchtbarkeit führen oder – noch schlimmer – verdeckte Masturbation ermöglichen.

Doch was hatte die Entdeckung des Fahrrads mit der Emanzipation der Frau zu tun? Kürzlich hat Hannah Ross, eine – natürlich – Engländerin, zu dieser Frage ein Buch herausgebracht: „Revolutions: Wie Frauen auf dem Fahrrad die Welt veränderten". Sie schreibt darüber, wie Frauen sich das Recht, Fahrrad zu fahren, im 19. Jahrhundert hart erkämpfen mussten. Wie sie auf und mit dem Rad ein Stück Selbstermächtigung erlebten. Kein Wunder, dass viele Suffragetten, die für die Emanzipation der Frau kämpften, passionierte Radfahrerinnen waren, Fahrräder für sie „feministische Freiheitsmaschinen", wie Hannah Ross, selbst begeisterte Radlerin, schreibt. Frauen forderten das Wahlrecht, wollten weg vom heimischen Herd, an die Universitäten. Nicht zuletzt sorgte das Fahrrad dafür, dass Frauen sich klar wurden, dass sie mit Korsett, endlos-Kleidern und einengenden Schuhen neben allem Schmuck vor allem eines waren: nahezu bewegungsunfähig. Und so hatte das neue Hobby, das anfangs bekanntlich teuer und daher ein bürgerlicher Zeitvertreib war, rasanten Einfluss auf die Damenmode. Die erste Damenhose, eine Sensation, schwappte aus der neuen Welt verspätet über den großen Teich – die „Bloomers": eine Art Pumphose mit Rock darüber, die die amerikanische Frauenrechtlerin Amelia Bloomers bereits 1851 propagiert hatte. Schließlich ließ die Frauenmode der höheren Kasten der damaligen Zeit – mit zugeschnürter Taille, bodenlangen Kleidern und zahlreichen Unterröcken – wenig Bewegung zu.

Da wagten sich nur die Unerschrockensten an den Aufstieg auf die bis zu 2,50 hohen Hochräder, der für Frauen zudem noch durch einen Damensattel erschwert wurde. So richtig interessant wurde das Fortbewegungsmittel für Frauen erst mit den Safety-Rädern, die Mitte der 1880er Jahre aufkamen. Der Durchbruch waren dann 1889 die Safety-Räder ohne Stange und mit niedrigem Durchstieg: die ersten wirklich praktikablen Damenräder.

Die Radpionierin Ottilie Roederstein

Zu den ersten Radfahrerinnen in Frankfurt gehört die deutsch-schweizerische Malerin Ottilie Roederstein. Auf einem Foto aus den 1890er Jahren posiert sie angelehnt an ihr Fahrrad. Ein Safety-Rad mit tiefem Einstieg und gefedertem Ledersattel. Selbstbewusst, fast ein wenig mürrisch, schaut sie in Richtung Kamera. Nicht mal die Andeutung eines Lächelns. Klar ist: diese Frau will nicht gefallen, sie macht ihr Ding, schert sich nicht um Konventionen. Auf dem Kopf eine Baskenmütze, ein „Malerbarett", an den Füssen flache Herrenschuhe. Der Look, der Blick, das Fahrrad – alles ein einziges Statement! Und eine Sensation für eine bürgerliche Frau im Kaiserreich der 1890er Jahre – selbst im als liberal geltenden Frankfurt. Schließlich sollten junge bürgerliche Frauen mal schön sittsam zu Hause bleiben – bis sie nach der obligatorischen Heirat in den Besitz des Gatten übergehen und ihre Erfüllung in der Verschönerung des neuen Heims finden würden.

Bei alledem macht Ottilie Roederstein nicht mit. Stattdessen absolviert die gebürtige Zürcherin allen Widerständen zum Trotz eine Kunstausbildung in Paris – zu einer Zeit, in der Frauen der Besuch der staatlichen Akademie verboten ist. Und feiert schnell Erfolge in der Hauptstadt der Kunst: Bereits als 24jährige stellt sie 1883 in den wichtigsten Pariser Kunstschauen aus und gewinnt Preise. Sechs Jahre später zeigt sie ihre Bilder im Schweizer Pavillon auf der Weltausstellung in Paris und bekommt dafür eine Silbermedaille. Nach Frankfurt verschlägt es die Malerin im Jahr 1891, da ist sie 32 Jahre alt. Aus der pulsierenden Künstlermetropole in die überschaubare Bürgerstadt am Main. „Ich bin total fremd hier und Frankfurt ist keine Stadt wo viel Maler und Modelle sind", schreibt sie an eine Freundin.

Was hat sie in die Mainmetropole gezogen? Da ist vermutlich Elisabeth H. Winterthaler nicht ganz unschuldig. Winterthaler, erste Chirurgin Deutschlands, konnte in Frankfurt die erste gynäkologische Poliklinik bei der Schwesternschaft Maingau gründen. Und mit dieser Powerfrau, von ihr liebevoll „Hans" genannt, führt Ottilie Roederstein am Main eine sogenannte „Bostoner Ehe". Die Nonchalence, mit der sie sich über Tabus hinwegsetzt, verblüfft und beeindruckt noch heute. Und die Stadt am Main entpuppt sich nach und nach als durchaus lukrativer Lebensmittelpunkt: Ottilie Roederstein gehört mit ihrem „Hans" bald zur „High Society" der Stadt am Main, ist bestens in der Frankfurter Stadtgesellschaft vernetzt. Und ihr Auftragsbuch ist voll: Roederstein avanciert zur gefragtesten Malerin der Stadt und porträtiert reihenweise Industrielle und Bankiers wie die Haucks, von Metzlers oder von Bethmanns. Ob sie auch mit dem Fahrrad-Pionier Heinrich Kleyer bekannt war, ist leider nicht überliefert. Sicher ist allerdings, dass dieser sich von Mathilde Battenberg zeichnen ließ, einer der ersten Schülerinnen von Ottilie Roederstein und eine enge Freundin derselben.

Roederstein, zu Lebzeiten ein Star, wird gerade wiederentdeckt. Das Frankfurter Städel, das bereits 1902 das erste Gemälde der Künstlerin in seine Sammlungen aufnahm, widmet ihr 2022 eine spektakuläre Sonderausstellung. Als erstes stößt man im Entrée der Schau auf das überlebensgroße Fotoporträt von Ottilie Roederstein, gestützt auf ihr Fahrrad. Eingehüllt ist sie in eine Art Kutschermantel. Ein Zufall? Wohl kaum, würde Janice sagen. Schließlich ist auch das Fahrradfahren ein Akt der Befreiung. Und vermutlich hatten mutige Frauen, die sich in den Pionierjahren aufs Velo stürzten, auch sonst ein Faible für emanzipatorische Gedanken. So haben Elisabeth H. Winterhalter und Ottilie Roederstein etwa dafür gesorgt, dass das erste Mädchengymnasiums in Frankfurt gegründet wurde und junge Frauen das Abitur machen konnten: in der Schillerschule in Sachsenhausen. Ihre Runden auf dem Rad soll Ottilie Roederstein übrigens besonders gern im Städel-Garten gedreht haben – in der Nähe ihres Ateliers.

1895 erscheint die erste deutsche Frauen-Radsport-Zeitschrift „Draisena", 1896 „Die Radlerin". Im selben Jahr werden erstmals mehr Damen- als Herrenfahrräder verkauft. Fahrräder, bislang Luxusgut für die High Society, werden erschwinglich. Auch Frauen aus den unteren Schichten können sich ein Velo leisten: Vom Upperclass-Hobby zum Fahrrad für alle Frauen. Aber die Klamottenfrage bleibt – was Wunder – ein Riesen-Thema.

Der dem Frauen-Radfahren erstaunlich wohlgesonnene Arzt Dr. med C. Fressel widmet der angemessenen Bekleidung der „Damen" 1897 noch viele Seiten in seinem Ratgeber über „Der Radfahr-Sport: vom technisch-praktischen und ärztlich-gesundheitlichen Standpunkte". So beschreibt der „Cur-Arzt" aus Bad-Ems mit großer Ernsthaftigkeit das mit mehreren Fotos abgebildete „Damen-Radfahr-Kostüm", das Frau Dr. Wettstein-Adelt, Gründerin des ersten deutschen Damen-Radfahr-Vereins Berlin, erfunden hatte. Das Gewand aus grauem Loden, bestehend aus „Rockbeinkleid und Blouse nebst Untertaille und Gamasche" besteht den ärztlichen Kleidungs-TÜV mit der Einschätzung: „durchaus praktisch und allen hygienischen Anforderungen entsprechend".

Ebenso zweckdienlich beurteilt Dr. Fressel auch ein aus England eingeführtes Kostüm „bei welchem man ein langes Kleid, das beim Gehen die darunter befindlichen Beinkleider und Gamaschen bedeckt, zum Radfahren durch eine einfache Vorrichtung hochschürzt, um es nach Verlassen des Rades wieder fallen zu lassen". Nicht zu vergessen der „Hugo Schindlersche patentierte Büstenhalter, welcher in hohem Grade allen Anforderungen entspricht, die man an ein solches Kleidungsstück vom hygienischen Standpunkt aus stellen muss" – als Ersatz für das aus medizinischen Gründen ausgemusterte Korsett.

Bei einem freilich hört auch für den fortschrittlichen Dr. med. C. Fressel Ende des 19. Jahrhunderts der Spaß auf: Wenn's ums Gewinnen geht, sollen Frauen außen vor bleiben. Schließlich seien „Damen-Wettfahrten" nicht „zweckmäßig": „Abgesehen von dem unästhetischen Anblick, ist solche Kraftanstrengung für den weiblichen Körper leicht mit schweren Gesundheitsschädigungen verknüpft." Klares Urteil.

Girls on bike

Und 125 Jahre später? Same procedure. Wo es was zu gewinnen gibt, präsentieren sich vor allem die Kerle. Beim Radklassiker Eschborn-Frankfurt alias „Rund um den Henninger Turm". Auf dem Siegertreppchen der Tour de France. Doch langsam, langsam tut sich was. 2022 gab's nach langen Jahren erstmals wieder eine Tour de France des Femmes. Ein Neustart, fast vier Jahrzehnte nach der Premiere: Die niederländische Radfahrerin und Olympiasiegerin Annemiek van Vleuten gewinnt die Schlussetappe und holt den Gesamtsieg. Auch beim Radklassiker in Frankfurt machen Frauen Dampf. So fordern nicht nur Rennradfahrerinnen aus der Mainmetropole ein Frauen-Rennen bei Eschborn-Frankfurt.

„Das ist lange überfällig", findet Rita Somfalvy von der Frankfurter Guilty76 Girl Crew. Die Industriedesignerin aus dem Nordend hat sich im Juni 2021 mit anderen Rennradfahrerinnen zusammengetan, weil sie schlechte Erfahrungen in gemischten Teams gemacht hatte. Schließlich drängeln sich Männer in Gruppen häufig vor oder hängen die Langsameren am Berg einfach ab. „Da fehlt die Empathie", so Rita Somfalvy. Daran mangelt's bei der Frankfurter Guilty76 Girls Crew nicht. „Bei uns wird keine zurückgelassen." Das schätzen immer mehr Radsportlerinnen in Frankfurt. Die Frauen-Touren waren von Anfang an „ein großer Erfolg", erzählt sie. 200 Frauen waren schon mit von der Partie, 50 bis 60 von ihnen gehen regelmäßig mit den Guilty Girls auf Tour. Ganz gemischt: von Zwanzigjährigen bis zu einer Rennsportlerin um die 60. Und für jede ist was dabei: Einmal im Monat gibt's eine Runde für Anfängerinnen mit einer einfachen Strecke zwischen 40 und 50 Kilometern. Außerdem bieten die Guilty Girls auch längere Touren für erfahrenere Radsportlerinnen an, Trips, wo besonders schnell in die Pedale getreten wird oder die besondere vertikale Challenge lockt, sprich: Bergige Strecken. „Das Kräftemessen, das machen wir auch mal, wenn wir in der Gruppe fahren", sagt Rita. „Aber wir passen voll auf, dass keine zurückbleibt." Dabei hätten sie anfangs einfach nur einen „sicheren Ort für Frauen schaffen" wollen. Mittlerweile sei die Crew viel mehr. Sie schwärmt vom Zusammenhalt in der Gruppe, in der sich jede auf die anderen verlassen kann. Wenn sie im Team mit maximal 16 Fahrerinnen unterwegs sind, „fallen wir oft positiv auf". Auch weil sie sich immer vorbildlich an die aktuellen Regeln halten. Problem sei nur, dass viele Autofahrer die nicht kennen: Mit dem Rennrad fährt man auf der Straße und darf auch nebeneinander unterwegs sein. Das hat sich leider bei vielen, die hinterm Lenkrad in Rage geraten, noch nicht herumgesprochen: „Die kennen die Straßenverkehrsordnung nicht."

Die Guilty Girls werden bedrängt, angehupt, bedroht, ausgebremst. Die Aggressivität der Autofahrer sei erschreckend. Beim letzten „Ride" hat die Crew anschließend vier Anzeigen erstattet, erzählt Rita Somfalvy.

Gefragt nach der Situation für Radfahrerinnen in Frankfurt, wird sie deutlich: „In der Stadt Fahrrad fahren ist kein Spaß." Gerade erst ist sie mit ihrem „normalen" Bike auf dem Radweg an der Fachhochschule von einem abbiegenden Auto fast umgefahren worden. Wenn sie keine Vollbremsung hingelegt hätte, wäre es zu spät gewesen, sagt sie. Radfahren sei in Frankfurt viel zu gefährlich. Dass die Mainmetropole bei der jüngsten Umfrage des ADFC den drittbesten Platz unter deutschen Großstädten belegt, findet sie schockierend. „Wie muss es denn dann anderswo aussehen?" Zwar haben ihr Freund und sie auch ein Auto, in der Stadt allerdings fahren sie Rad oder mit den Öffentlichen. Das sei schließlich besser fürs Klima: „Städte sind nicht für Autos gemacht." Radfahren bedeutet für sie „Durchatmen", „Freiheit" und „Unabhängigkeit".

Toll findet sie auch, dass es für ihren Sport nicht viel braucht. Und er einem eine „Selbstbestimmtheit" gebe. „Man wird in vielen Sachen mutiger." Logisch, würde Janice sagen.

Neue Vorbilder auf zwei Rollen

Radfahren war und ist für Frauen immer auch ein politischer Akt. Bis heute: So kümmern sich in Frankfurt Initiativen darum, erwachsenen Frauen aus allen Ländern das Radfahren beizubringen. Denn noch immer gibt es Weltregionen, in denen das für Frauen gefährlich ist: Im Iran etwa erließ Ayatollah Ali Chamenei 2016 eine Fatwa gegen das Radfahren von Frauen. Begründung: Es bedrohe die Moral. Auch in Afghanistan werden Fahrradfahrerinnen als „Ungläubige" bezeichnet und mit dem Tod bedroht. In vielen Kulturen ist es einfach immer noch nicht selbstverständlich, dass Mädchen Fahrradfahren lernen können. Traurig, aber wahr. Noch immer fürchten sich unterdrückerische Regime vor der befreienden Kraft des Velos.

Und noch immer wird die Profi-Fahrradszene von Männern dominiert, weißen Männern. Und ähnlich wie beim Fußball ist Vielfalt angesagt, sind neue Rollenvorbilder gefragt. Es geht um Sichtbarkeit. Wird auch Zeit. Und noch immer sind es auch im Alltag mehr Männer, die in Frankfurt in die Pedale treten. Was vermutlich auch mit den nicht gerade idealen Bedingungen zu tun hat. Möglich, dass Männer sich eher in die Verkehrs-Schlacht stürzen als meist zur Vorsicht erzogene Frauen. Ein Grund mehr, die Verkehrswende in Frankfurt zu beschleunigen. Denn Fahrradfahren rettet nicht nur das Klima. Es macht Frauen mobil. Und unabhängig. Und glücklich. Schon Simone de Beauvoir soll sich in den 40er Jahren in die Freiheitsgefühle des Radfahrens verliebt haben.

Das Rad ist die Lösung. Das stand für Janice schon Ende der 1970er Jahre fest: Eine magische Erfindung. Die die Gesellschaft verändert. Die revolutionäre Kraft besitzt. Die Frauen befreit.

Das brachte Janice als History-Lehrerin des Frankfurter Goethe-Gymnasium ihren SchülerInnen bei. Janice, that's for sure, hat Recht behalten.

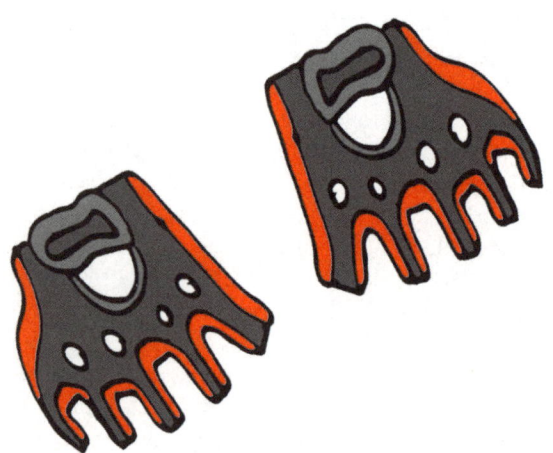

5.

FRANKFURT, 50ER JAHRE

Eine autogerechte Stadt

Zuströme aus dem Umland

Deutschlands erstes Parkhaus

Nach dem Brand der Bomben

Fluchtlinien in der Stadt

Deutschlands erstes Parkhaus

Dicht mit Autos

Die Stimme aus dem Lautsprecher wirkt blechern. „Was Sie als sechste Nummer sehen, das hat auf dieser Welt noch kein menschliches Auge erblickt." Die Stimme hallt nach: „... wir sind stolz darauf, dass es junge deutsche Artisten sind." Gleich setzt eine überaus dramatische Schilderung dessen an, was in diesem Augenblick zu sehen ist: Zwei junge Männer, „jeder auf einem glitzernden Velo, nehmen eine weiße Stange von Schulter zu Schulter; auf diese Stange kommt ein drittes Velo, nicht minder glitzernd; aber nicht genug, dass sie mit dieser Pyramide über das hohe Seil fahren", setzt der Conférencier hinzu. Denn noch hat die sensationelle Darbietung am zentralen Ort der Stadt offenbar nicht ihren Höhepunkt erreicht: „Der Oberste, um den Rest unseres Atems auszuschalten, lässt auch noch die Lenkstange los", kündigt die Stimme aus dem Lautsprecher an, „hebt sich zum Handstand auf dem Sattel, während die beiden Unteren radeln – dreißig Meter über unserer Erde, das heißt, über Backsteinen mit verbogenen Eisen, über Resten eines romanischen Tores, über Unkraut in einer verrosteten Badewanne ..." Den Zuschauern stockt der Atem. „Meine Herrschaften", heißt es dann aus dem Lautsprecher: „die Künstler danken für Ihren großen Beifall. Folgen Sie bitte unserem Scheinwerfer, richten Sie jetzt Ihren freundlichen Blick hinüber auf die Nikolaikirche."

Es hat geklappt, die Zuschauer sind erleichtert. Max Frisch offensichtlich auch: Im April 1948 beschreibt der Schweizer Schriftsteller in seinem Tagebuch dieses überaus ungewöhnliche Szenario aus dem daniederliegenden Frankfurt. Frisch steht an diesem Abend kurz nach dem Krieg vor dem Rathaus der Stadt und wird Zeuge eines Spektakels vor dem Römer: „Hohes Seil über Trümmern, Maste aus Eisen, unverbogen, unverrostet, jeder in einer Garbe von Kabeln, die ihn nach allen Seiten verankern, man denkt nicht gleich an Seiltänzer, eher an Kranen, wenn die bunten Wimpel nicht wären, oder an die Takelage eines versunkenen Schiffes, versunken nicht in den Wogen eines Meeres, sondern in den Wogen von Schutt, von vergrasendem Backstein ... Immer grüner, ländlicher, blühender zieht der Frühling in deutsche Städte." Die Fahrrad-Künstler stimmten Max Frisch auf seinen Reisen durch das Nachkriegs-Deutschland zuversichtlich.

Monate zuvor wirkte er nach seinen Aufzeichnungen noch völlig niedergeschlagen über das am Boden liegende Frankfurt. Inzwischen aber, ist Frisch überzeugt, wollen die Frankfurter das Trümmerfeld an zentraler Stelle der Stadt bestimmt nicht als letzten Eindruck stehen lassen. Vielmehr setzen sie alles daran, einen symbolträchtigen Ort ganz in der Nähe zeitnah wieder aufzubauen, um das Prinzip Hoffnung zu nähren: „In wenigen Wochen sind es hundert Jahre, seit zum erstenmal eine deutsche Demokratie versucht worden ist; die Feier, die mit Würde begangen werden soll, rückt näher und näher, die Maurer arbeiten jetzt Tag und Nacht, um wenigstens die Paulskirche wieder herzustellen."

Der Schriftsteller beobachtet die im Frühjahr 1948 wieder erwachte Betriebsamkeit, die einen Aufbruch mit dem weit über die Stadt hinaus wirkenden Symbol verspricht: „Noch um elf Uhr hört man das Schaufeln, das Rasseln eines Flaschenzuges, der frisches Pflaster emporzieht zu den erhellten Gerüsten". Noch zwei Jahre zuvor im Mai 1946 hatte Frisch unter der Ortsmarke Frankfurt am Main seinem Tagebuch anvertraut, dass München, anders als die Stadt am Main, trotz der Zerstörungen nach wie vor den Eindruck einer Stadt vermittele: München kann man sich vorstellen", schreibt er, „Frankfurt nicht mehr."

Max Frisch hatte bei seinen Gängen durch die Stadt den Eindruck gewonnen: „Die Ruinen stehen nicht, sondern versinken in ihrem eigenen Schutt." Man stapfe los, die Hände in den Hosentaschen, „weiß eigentlich nicht, wohin man schauen soll". Frisch zog es zum Bahnhof. Dort „liegen Flüchtlinge auf allen Treppen, und man hat den Eindruck, sie würden nicht aufschauen, wenn mitten auf dem Platz ein Wunder geschähe; So sicher wissen sie, dass keines geschieht." Es wirkt auf Frisch wie „ein Warten ohne Erwartung". Absolut trostlos.

Zwei Jahre später läuft der Wiederaufbau auf vollen Touren, bemühen sich die Frankfurter um die Entrümpelung des Schotters. Zum 100. Jahrestag der deutschen Revolution soll die Paulskirche, das zerstörte Gebäude mitten in der Stadt, hergerichtet sein. Es geht darum, eine neue Tradition zu begründen. Eine demokratische Tradition, von der aus sich die neue Verfasstheit des Landes nach der furchtbaren Diktatur entfalten kann. Über ihr Frankfurt wollten die Frankfurter später am liebsten sagen: Von dieser Stadt geht eine neue Epoche der Geschichte Deutschlands aus...

Nach dem Brand der Bomben

Verheerend hatte der Krieg Frankfurt am Main vor allem bei den Luftangriffen am 18. und 22. März des Jahres 1944 getroffen. Insgesamt flogen US-amerikanische und britische Bomber in den drei Jahren zwischen 1942 und 1945 75 Luftangriffe auf die Stadt. Den amtlichen Statistiken zufolge kamen dabei 5559 Menschen ums Leben, neben 4822 Frankfurter Bürgern auch Kriegsgefangene und Zwangsarbeiter. Etwa die Hälfte der rund 177.000 Wohnungen im Stadtgebiet wurden zerstört, auch viele Schulen, Kirchen und Krankenhäuser dem Erdboden gleichgemacht.

Zählte Frankfurt 1939 noch 553.000 Einwohner, waren es bei Kriegsende nur noch 230.000, die Hälfte obdachlos. Frankfurt stand in Trümmern.

Für die von dem Sozialdemokraten Walter Kolb geführte Stadtregierung stand außer Frage, dass die arg gebeutelte Paulskirche und das Goethehaus künftig für die nationale Geschichte eine nicht zu unterschätzende Rolle spielen würden. Kolb und seine Mitstreiter hielten einen getreuen Wiederaufbau der beiden akut in Mitleidenschaft gezogenen Denkmäler für geboten. Den Rest der Stadt wollte man komplett neu aufbauen. Was aus Sicht dieser Zeitgenossen nichts anderes hieß als sich aufgeschlossen der anbrechenden Zeit zu stellen. Kleinteiliges wie die frühere Altstadt sollte für die künftige Stadtplanung keine Rolle mehr spielen.

Die Frankfurter brauchten Wohnungen und Arbeitsplätze. Beides müsste außerdem gut zu erreichen sein. Die „Berliner Straße" sollte als eine der Achsen wie eine Tangente durch die Stadt führen, um den Durchgangsverkehr bewältigen zu können.

„Frankfurts Glück"

Zur Geschichte der unmittelbaren Nachkriegszeit gehörte die Vorstellung, dass man die Zukunft nach eigenen, vor allem neuen Prinzipien gestalten wollte. Es sollte zwar nach wie vor Erkennbares wie den Römer geben. Doch das Neue hatte Priorität.

Für das gesamte Land Hessen bündelte man dieses Prinzip später in die Bezeichnung „Hessenplan". Der Historiker Dirk van Laak hat das am Beispiel von Vorstellungen des früheren Oberbürgermeisters von Gießen und späteren hessischen Ministerpräsidenten, Albert Osswald, so beschrieben: „Der technokratische Blick auf das Machbare verkürzte sich trotz aller Beteuerungen, nach Möglichkeit, das Ganze gestalten zu wollen, letztlich auf das Effiziente." Anstatt sich angesichts der von Bomben zerstörten Städte, Frankfurt oder Gießen, auf geschichtlich gewachsene Raumstrukturen zurückzubesinnen, bereiteten Osswald und seine Mitstreiter in Stadt und Land „einer hochmodernen und verkehrsgerechten Stadtplanung den Weg".

Man orientierte sich also nicht an Jahrhunderte alten Wegen. Grundsätzlich ließen sich Stadtplaner von der Überzeugung leiten: Modern und machbar zugleich sollte es sein, verkehrspolitisch konnte man sich was trauen. Das Frankfurter Kreuz, das erste Parkhaus der jungen Republik direkt in der Frankfurter Innenstadt, der „Fly over", eine Auto-Brücke am Platz der Republik. Allesamt Ikonen des Neuen, der Mobilität, in Frankfurt fortan nur ein anderes Wort für Fortschritt. Für die autogerechte Stadt. Nicht kleckern, sondern klotzen. Im Fokus seit den 50er Jahren: das Auto. Dazu passte die Internationale Automobil-Ausstellung, die von 1951 an in Frankfurt stattfand.

Doch bei aller Zukunftseuphorie stellte es sich für den Leiter des Stadtplanungsamtes, Hans-Reiner Müller-Raemisch, als „Glück Frankfurts" dar, dass eine Neuplanung der Stadt als eine von Experten skizzierte Retortenstadt keine Rolle spielte. Trotz der massiven Schäden an der City, aber auch in angrenzenden Teilen, Bockenheim etwa, sollte es einen Wiederaufbau, aber keine am Reißbrett entstandene Alternative zur kriegszerstörten Besiedlung für Frankfurt am Main geben. Kurzzeitig anhebende Diskussionen darüber waren schnell wieder vom Tisch.

Eigentlich konnte man in Frankfurt auf etwas zurückgreifen, was der Stadt doch international Ansehen verschafft hatte: In den 20er Jahren hatte Ernst May Frankfurt „zu einem Mekka des modernen Städtebaus" gemacht. Das allerdings stand für Stadtplaner wie Müller-Raemisch nach 1945 nicht im Vordergrund. So wunderte sich der Historiker Dieter Schott auch darüber, „wie gering das Interesse der breiten Öffentlichkeit an der Ästhetik des Wiederaufbaus im Allgemeinen lag". Heute ist das anders, inzwischen gilt das Erbe Mays als etwas ganz Besonderes, wenngleich es der Stadt Frankfurt bis heute nicht gelungen ist, die Projekte Mays auf die Liste des UNESCO-Weltkulturerbes setzen zu lassen.

Noch mitten im Krieg hatte Hitler seinen Architekten, besonders Albert Speer, in Aussicht gestellt, dass „einige schwer von Bombenschäden betroffene Städte mit städtebaulichen Planungen beginnen sollten". Hitlers Vorstellungen richteten sich vor allem auf die Wiederherstellung der alten Stadtkerne, „nach Möglichkeit sollten Straßen verbreitert werden", wie Werner Durth in seiner Studie über „Deutsche Architekten" notiert. Einen entsprechenden Erlass „über die Vorbereitung des Wiederaufbaus bombengeschädigter Städte" unterzeichnete Hitler auf Initiative Speers bereits im Oktober 1943.

Speer hatte energisch für die zügige Wiederherstellung geworben, sonst würden am Ende „spätere Generationen es unverständlich finden, dass man nicht frühzeitig mit der notwendigen Vorsicht der Städte geplant und den Wiederaufbau planvoll durchgeführt hat". Speer schlug vor, dies für die Zeit nach dem Krieg orientiert an drei Gruppen zu betreiben: Wiederaufbau nach Bränden; Neuanlage von Siedlungen, wie man sie kannte; provisorischer Bau von Behelfswohnungen. Anfang 1944 traten die beiden Architekten Konstanty Gutschow und Rudolf Hillebrecht als Gutachter eine Reise durch 24 vom Luftkrieg stark betroffene Städte an, darunter Berlin, Kassel und Orte im Ruhrgebiet.

Die Erfahrungen des Luftkriegs, ist Werner Durth überzeugt, hätten wohl bei Architekten dafür gesorgt, dass sie für kleinteilige, historische Stadtstrukturen nur Verachtung fanden und man nach 1945 unbedingt Schneisen ziehen wollte. Rudolf Hillebrecht und Hans Bernd Reichow, ehemalige Mitarbeiter des Hamburger Architekten Gutschow, hatten nach 1945 prägenden Einfluss auf die Planung von Städten. Auch in Frankfurt am Main.

Mit Kogons Hilfe

Oberbürgermeister Walter Kolb hatte den Wiederaufbau der Paulskirche auch aus einem anderen Grund forciert: Der Gedenkort Paulskirche war für ihn ein gewichtiges Argument für die Entscheidung über die künftige bundesdeutsche Hauptstadt. Dabei konnte er sich auf zwei Frankfurter Intellektuelle verlassen, die in die Öffentlichkeit wirkten: Auf die beiden Protagonisten der „Frankfurter Hefte", Walter Dirks und Eugen Kogon.

Walter Dirks betrachtete „die Paulskirche" und „das Kommunistische Manifest" in einer grundsätzlichen Betrachtung im Fokus des Jahres 1848 und den bevorstehenden jeweiligen 100. Jahrestagen: „Zwischen den beiden Ereignissen, deren Hundertjahrfeiern in diesem Jahr 1948 begangen werden, dem ersten deutschen Parlament in der Paulskirche und dem Kommunistischen Manifest, bestanden höchst wirkliche Zusammenhänge (..)", schrieb Dirks in den „Frankfurter Heften": „Die Paulskirche' stand im Mittelpunkt des politischen Bewusstseins der Nation; die Versammlung erschien – bis sie scheiterte – geradezu als der Höhepunkt der deutschen Geschichte, als der Sieg der Freiheit und der Einheit über den Zwang und die Zersplitterung: das Ereignis Paulskirche lebte aus dem revolutionären Gefühl eines ganzen Volkes und war zugleich hohe Politik, reale Politik." Dirks hob gerade die Emotionen hervor, die sich mit dem politischen Ereignis Paulskirche verbunden hatten.

Für Dirks und Kogon lief in der Hauptstadt-Frage alles auf Frankfurt hinaus: Beim Start der „Frankfurter Hefte" machte Herausgeber Kogon deutlich, dass er Vorstellungen von einem zentralistisch orientierten Deutschland für völlig falsch hielt. Für Zentralismus stand Berlin. Dagegen setzt Kogon bereits im 1946 erschienen ersten Jahrgang der „Hefte" Frankfurt, denn: „Frankfurt am Main hat eine große demokratische, eine deutsche und eine weltbürgerliche Tradition. Es liegt an mannigfachen Nahtstellen einer föderalistischen Republik. Wir halten die Lösung für trefflich: 1948, zur Jahrhundertfeier des Frankfurter Versuches einer deutschen Demokratie, das Bundesparlament in der wiedererrichteten Paulskirche, die Bundesregierung, wenn möglich, im I.-G.-Farbengebäude (unterzubringen)".

Spätestens Mitte 1948 gibt es keinen Zweifel daran, dass Frankfurt im Deutschland nach dem Krieg politisch eine ganz besondere Rolle zukommt: Die Ministerpräsidenten der westdeutschen Länder treffen sich am 1. Juli in Frankfurt am Main. Bei dieser Zusammenkunft fällt eine Entscheidung besonderer Bedeutung: Die US-Amerikaner wollen den Wiederaufbau der deutschen Wirtschaft unbedingt vorantreiben, aus diesem Grund sollen die vier Zonen des Landes künftig in einer Wirtschaftseinheit zusammenfinden.

Doch Moskau und Paris winken ab: Beide Alliierten wollen, so heißt es öffentlich, nicht auf Reparationen aus den ihnen nach Kriegsende zugewiesenen Zonen verzichten. Für die Sowjets kam dies als mögliches Präjudiz der politischen wie wirtschaftlichen Gestaltung des Landes ohnehin nicht in Frage.

So vereinbarten US-Amerikaner und Briten den Zusammenschluss ihrer Zonen zur „Bizone". Präsident Truman hatte einen Perspektivwechsel bereits am 12. März 1947 vor dem US-Kongress deutlich gemacht. Fortan werde es für sein Land darum geben, „containment" zu betreiben, die Freiheit zu verteidigen, und der Sowjetunion in dem Bemühen Einhalt zu gebieten, überall in der Welt Einfluss zu gewinnen. Dem entgegen zu wirken, lasse sich nur mit großzügiger Hilfe schaffen: Das war die Stunde des Marshall-Plans. Diesen offerierte Außenminister Marshall als Angebot an die europäischen Regierungen, Deutschland inklusive, das als Staat offiziell noch gar nicht existierte. Diese Offerte gehört für den Historiker Ulrich Herbert zum „strategischen Kern der Initiative: durch umfangreiche Wirtschaftshilfen die deutsche Wirtschaft wieder in Gang zu bringen", um die Wirtschaft in Europa insgesamt anzukurbeln. Auch um „das Abgleiten" Deutschlands in den Kommunismus zu verhindern. Deutschland, zwei Jahre zuvor noch erbitterter Kriegsfeind, erschien mit einem Mal als potentieller Partner, die Fäden der Koalition wider die UdSSR sollten in Frankfurt am Main zusammenlaufen.

Der Zusammenschluss „Bizone", unterstreicht der Zeithistoriker Herbert, sei von politisch „weittragender Bedeutung" gewesen, denn damit hätten US-Amerikaner und Briten „die Konturen einer deutschen Teilung" gezeichnet. Aus der Sicht Washingtons hieß das: In den Wiederaufbau müsse Deutschland verantwortlich einbezogen werden, dafür würde eine kräftige Anschubfinanzierung gebraucht.

Ein Jahr später entsteht in Frankfurt die Bank deutscher Länder, 1948 steht die Währungsreform an. Damit, so Ulrich Herbert, „war die Entscheidung für eine kapitalistische, auf den freien Markt orientierte Wirtschaftsordnung in Westdeutschland gefallen".

Was man gemeinhin „Bizone" nannte, stand für: „Wirtschaftsrats für das Vereinigte Wirtschaftsgebiet".

Die „Bizone", das hebt der Historiker Wolfgang Benz hervor, „erhielt eine ‚Hauptstadt': Frankfurt am Main." Oberbürgermeister Walter Kolb sei Mitte Mai von der amerikanischen Militärregierung unterrichtet worden, in den kommenden Monaten würden sämtliche Behörden der „Bizone" nach Frankfurt verlegt.

Am 25. Juni 1947 versammelten sich die Mitglieder des Wirtschaftsrats im Großen Börsensaal in Frankfurt, allesamt Parlamentarier gewählt von den acht Landtagen der Bizone.

Die Abgeordneten bildeten Fraktionen nach Parteizugehörigkeit. Mit der Gründung der Bizone richteten sich Verwaltungen mit deutschen Direktoren besetzt ein, die den US-amerikanischen und britischen Militärgouverneuren allerdings weisungsgebunden blieben. Der Wirtschaftrat wirkte als Parlament der Bizone, besetzt über die Länderparlamente. Frankfurt im Mittelpunkt eines künftig politischen Deutschlands, das, Walter Kolb hat keinen Zweifel, sprach doch für die neue Hauptstadt.

Seit dem Frühsommer 1948 standen große Projekte an: die Währungsreform, die Unterstützung der Berliner Bevölkerung während der Blockade mit Flügen vom Flughafen Frankfurt aus, die Beratungen über eine künftige Verfassung. Die Amerikaner, merkte Herbert an, setzten jetzt „auf einen strengen finanzpolitischen Neuanfang". Mit der Übergabe der „Frankfurter Dokumente", die man wie ein politisches Drehbuch der Alliierten für die westdeutschen Ministerpräsidenten verstehen kann, zeichnete sich die föderale Ausrichtung einer neuen Verfassung ab. Sie sollte Grundgesetz heißen, nicht Verfassung, geschaffen vom Parlamentarischen Rat, nicht von einer verfassungsgebenden oder nationalen Versammlung. Damit bestimmten die Alliierten die politischen Koordinaten für die Bizone. Vor allem gaben sie vor, mehr Tempo zu machen.

Gleichzeitig brachten die 1950er Jahre die Vorstellung von der ‚amerikanisierten' Stadt hervor. An vielen Orten in Deutschland entstanden Amerika-Häuser, in Clubs, Bars und später in den Lokalen „Alt-Sachsenhausens" trafen amerikanische Soldaten und Frankfurter Zivilisten zusammen. Über Musik, Haartracht und Kleidung hinaus erwies sich als die wohl wirkungsmächtigste ‚Amerikanisierung': „Der Siegeszug des Autos".

Frankfurt wollte modern sein. Unbedingt. Nichts mehr vom Gestrigen wissen. Dem Morgen zugewandt eben. Mit hohen Häusern, Straßen und Autos. Was so alles dazu gehören würde.

Aber die Straßen der Stadt waren eng, verwinkelt, alles andere als repräsentativ. Von hanseatischen Dimensionen ließ sich vielleicht für eine ferne Zukunft träumen – mit breiten Straßen, Alleen-gleich, eleganten Trottoirs, doch nicht in dieser Stadt ...
Am einfachsten wäre es wohl gewesen, die Trümmer abzuräumen. Weg mit dem Schotter. Alles frei räumen und die Innenstadt komplett neu bauen. An Architekten würde es doch nicht mangeln. Sollten sie sich an die Arbeit machen, mit breiten Straßen, prächtigen Alleen und so weiter, sollten sie doch planen. Wie Madrid oder Paris mochten die Straßen der Stadt künftig aussehen. Oder wie in Manhattan. Wenigstens ein bisschen.

Es kam anders. Von Hans-Bernd Reichows Ideen hatten manche schon gehört. Seine Gedanken umschwirrten „die autogerechte Stadt". Reichow wusste, was Menschen mögen: Schön wohnen und direkt vor der Haustür das eigene Auto parken. Deswegen hat Hessen ihn später die Limesstadt bauen lassen: Viele Wohnungen, massig Stellplätze, großes Einkaufszentrum – und nicht weit vom Parkplatz entfernt.

Reichow konzentrierte sein planerisches Wirken ganz auf Entwürfe für neue Stadtteile und realisierte etwa die Sennestadt bei Bielefeld im Ostwestfälischen und die Limesstadt, ganz nahe bei Frankfurt am Main im vorderen Taunus gelegen. Für beide Projekte gewann Reichow Ende der 50er und Anfang der 60er Jahre entsprechende Wettbewerbe. Die Limesstadt, Teil von Schwalbach, entstand von Anfang der 60er Jahre an: Auf 100 Hektar Fläche errichtete man 3000 Wohnungen, in die etwa 10.000 Menschen einziehen sollten. Die Limesstadt ist zusammen mit der Nordweststadt die zweite Trabantenstadt in der Metropolregion Frankfurt/Rhein-Main.

Hans Bernhard Reichow verfasste seine Schrift über „die autogerechte Stadt" als Reaktion auf die seit Ende der 50er Jahre verbreitete Rede vom Verkehrschaos, unter dem die Städte mittlerweile leiden würden. So warb der Deutsche Städtetag auf seiner Hauptversammlung 1960 für „die Erneuerung der Städte" unter dem Slogan: „Rettet den Verkehr, damit unsere Städte leben können".

Die Prioritäten waren klar gesetzt. Der Verkehr hat Vorfahrt, alles andere muss sich unterordnen. Das war das Leitbild der Stadtentwicklung. Grundsätzlich konnte man mit Barbara Schmucki über Großstädte der Republik sagen: „Die verkehrsgerechte Stadt mit der Trennung der Verkehrsarten hatte sich Mitte der 50er Jahre als allgemeingültiges Leitbild in der Verkehrsplanung durchgesetzt." Spätestens mit dem Aufleben eines ökologischen Bewusstseins wurde die Formel von der „autogerechten Stadt" allerdings nur noch als Kritik begriffen. Mittlerweile spricht man über „stadtverträglichen" Verkehr, stellt ihre Bewohner in den Fokus – zumindest in Sonntagsreden.

Napoleon der Fluchtlinien

Als Bau-Stadtrat treibt Adolf Miersch, Regionalpolitiker der SPD, den Umbau Frankfurts seit den 50er Jahren entschieden voran. Er tritt für einen radikalen Schnitt zu der im Krieg untergegangenen Stadt ein. In den 20er Jahren wirkte er als Stellvertreter des legendären Stadtbaurats Ernst May. Nach dem Krieg ist Rücksicht auf erhaltene historische Bausubstanz und alte Straßenzüge seine Sache nicht.

Weniger einschneidend, wenn auch neu, aber nicht mit allem rigoros brechend, stellt sich der CDU-Politiker Walter Leiske hingegen Frankfurt nach dem Krieg vor. Beide, Miersch und Leiske, nehmen sich mit unterschiedlichen Akzenten des zügigen Wiederaufbaus an. Leiske zwischen 1948 und 1960 als Geschäftsführer der Industrie- und Handelskammer sowie als Bürgermeister, der auch Stellvertreter Walter Kolbs ist. Er förderte den Ausbau der Messe und machte sich für die Rückkehr der „Pelzhändler" aus Leipzig stark.

Adolf Miersch forciert den Umbau, um „dem stark anwachsenden Verkehr Herr zu werden". Deshalb will er die Zeil auf 34 Meter verbreitern und die Berliner Straße als Schneise parallel zur Zeil in die Innenstadt schlagen. Miersch kann sich nicht beschweren, dass man ihm den Beinamen „Napoleon der Fluchtlinien" gibt: Miersch will Frankfurt zügig mit ausgebauten Verkehrswegen ausstatten. Bis heute schreibt man Miersch zu, er habe sich wenig um Einwände und Bedenken gekümmert, sondern vielmehr in der City mit den Durchbrüchen von Straßen Platz für den Autoverkehr geschaffen.

Miersch macht es sich zur Aufgabe, „Grundlagen" für den Wiederaufbau Frankfurts zu schaffen. Deswegen zieht er immer wieder geradezu akribisch Bilanz: Vor dem Krieg gab es in Frankfurt 2031 Straßen, 70 Plätze mit 44.559 Gebäuden und 177.574 Wohnungen. Zerstört wurden 36.089 Gebäude. Mit unterschiedlichen Graden der Zerstörung: „Davon 9631 bis zu zehn Prozent; 11.375 bis zu 50 Prozent; 2935 bis zu 70 Prozent; 12.148 mehr als 70 Prozent, so dass nur 8470 unbeschädigt blieben." Mehr als 80 Prozent davon waren Wohngebäude. Von 177.574 Wohnungen zerstörten die Bomben 80.575; rund 53.000 wurden beschädigt und nur rund 44.000 blieben unbeschädigt. Der Stadtrat rechnete vor, was der Wiederaufbau für die Arbeitsbilanz

bedeuten könnte: „890.000 Tagewerke für Maurer"; die arbeiten 250
Tage im Jahr und bräuchten „vier Jahrzehnte, um die Aufgabe zu bewältigen". Für Miersch schien die Sache klar: „Die Schwierigkeiten
beim Wiederaufbau liegen also nicht nur in der Baustoffbeschaffung";
vielmehr sei die Erhöhung der Bauarbeiterzahlen „ein dringendes Ge-
bot". Auch für den Straßenbau, setzte der Dezernent in bürokratischer
Diktion hinzu: Er „erfordert in den nächsten Jahren erhebliche Zahlen
an Fach- und Hilfsarbeitern".

Dicht mit Autos

Mit Miersch war „aus der alten Stadt durch Krieg und Wiederaufbau ein verkehrsgerechtes großstädtisches Zentrum geworden, das trotz aller Mittelmäßigkeit ‚brummte‘ und das war entscheidend.“ Wenngleich es den Verantwortlichen der Stadt nicht anders erging als Goethes Zauberlehrling, merken die Chronisten Werner Plumpe und Dieter Rebentisch in ihrem Rückblick auf die Industrie- und Handelskammer im Jahr 2008 an: „Der Verkehr, den sie gerufen hatten, droht sie zu überrollen.“ 1959 wies Frankfurt die höchste Pkw-Dichte aller deutschen Großstädte auf, „eine Spitzenposition, die die Stadt lange behalten sollte.“ In Frankfurt wurde der Stau „zur Alltagserscheinung, denn die Straßen reichten keineswegs aus, den von Jahr zu Jahr dramatisch zunehmenden Verkehr aufzunehmen, vor allem fehlten Parkplätze“. Die vom Stadtparlament getroffene spätere Entscheidung für den Bau einer U-Bahn fand die Zustimmung der Wirtschaft – weniger, um den öffentlichen Nahverkehr zu fördern, vielmehr sollte die Straße allein für den Autoverkehr frei sein.

Adolf Miersch erscheint in dieser Darstellung als rigoroser Macher, weniger als sympathische Gestalt. Für ihn selbst wurden „besonders die Neuplanung und bodenrechtliche Durchsetzung der Straßendurchbrüche in der Innenstadt zur Lebensaufgabe“: Die neuen Stadtstraßen und die Ordnung der City zu neuen Baugebieten gegen „den oft erbitterten Widerstand der Grundstücksbesitzer sind sein Werk“, fasste Schmidt-Raemisch zusammen.

Folgt man dem „Frankfurter Personenlexikon“, ist die Rolle von Adolf Miersch in der NS-Zeit nicht geklärt. Unmittelbar nach Kriegsende habe er eine Liste erstellt, um Immobilien aufzuführen, die die Stadt im „Dritten Reich“ aus jüdischem in ihren Besitz gebracht hatte – unter seiner Leitung. Wissenschaftler sollen erst jetzt im Auftrag des Stadtparlaments auf der Grundlage der „Miersch“-Liste, die 170 einzelne Häuser und Grundstücke verzeichnet, eine Studie verfassen, um „die ‚Arisierung‘ von Grundbesitz durch die Stadt Frankfurt zu untersuchen“. Davon verspreche man sich auch „eine Einordnung von Mierschs Rolle in der NS-Zeit“. Nach eigenen Angaben leitete er damals als Obermagistratsrat im Liegenschaftsamts „die Verhandlungen bei der ‚Arisierung‘ von Immobilien aus jüdischem Besitz durch Verkauf an die Stadt Frankfurt“.

141

Zusammen mit der IHK werben Miersch und Leiske für den Bau eines Parkhauses. Bis dahin bietet die Stadt in zentralen Lagen freie Flächen, schließlich waren viele der Ruinengrundstücke nahe des Mains wie im Bereich der zerstörten Altstadt und früheren Judengasse zunächst nicht wieder bebaut. Erst als sich das änderte, wurden Parkplätze knapp. Anfang der 50er Jahre schien es nur naheliegend, den Automobilen ein Haus zu bauen: Das erste Parkhaus Deutschlands. Nach Plänen der Architekten Max Meid und Helmut Romeick entstand es am Kornmarkt. Ein eleganter, vierstöckiger Bau, heute unter Denkmalschutz: Das Parkhaus Hauptwache mit 400 Stellplätzen für Automobile und 70 für Motorräder. 1956 hat man es aufgemacht. Bei der Eröffnung ließ Oberbürgermeister Walter Kolb seine Frankfurter wissen: „Glückauf dem neuen Parkhaus! Wir werden weitere Parkhäuser errichten und damit beweisen, dass wir die Zeichen der Zeit verstanden haben."

Die Zeichen der Zeit: Das Parkhaus in Frankfurts City ist das erste in der Nachkriegsrepublik gewesen. Selbst wenn kein Autofahrer Zweifel daran hatte, dass es für Parkraum reichlich Bedarf gab, schreckten die Gebühren viele zunächst ab: Pro Stunde verlangte die Betreibergesellschaft schließlich 20 Pfennig, drei Mark für den gesamten Tag. Eigentlich hätte man davon ausgehen können, dass „Parkraum gegen Geld" keinen aufbringen würde, aber die Preise wurden als happig empfunden, zumal man seinen Wagen doch bis dahin kostenlos in der Innenstadt abstellen konnte. Auch die steile Auffahrt über die Rotunde des Parkhauses schreckte viele Autofahrer ab. Soll es ja heute noch geben. Auch das Einparken zwischen den Betonsäulen war nicht jedermanns Sache.

Um Dauerparkern Einhalt zu gebieten, hatte Frankfurt bereits zwei Jahre zuvor als erste Stadt damit begonnen, in der Innenstadt „Parkometer" aufzustellen. Diese Parkuhren konnte man mit Fünf- und Zehn-Pfennig-Stücken füttern. Unmut garantiert. Zu dieser Zeit gab es in der Bundesrepublik fünf Millionen Pkws, zehnmal so viel wie 1950. Das bessere Leben würde keines ohne ein Auto sein, das war die Devise. Durch das Auto wurde der „Pendler", zumal im Rhein-Main-Gebiet, zum geläufigen Begriff, das Auto selbst ein Inbegriff der Freiheit.

Im Rhein-Main-Gebiet weiß man in den 50er Jahren zu schätzen, dass die Infrastruktur im gesamten Ballungsraum dem Anspruch, „autogerecht" zu sein, nicht nachsteht. Mit dem „Frankfurter Kreuz" entsteht ein Knotenpunkt in dem Geflecht der neuen Autobahnen. Immer geradeaus. Ganz einfach. Will man eine Autobahn verlassen, fährt man zunächst weiter geradeaus, ordnet sich ganz allmählich auf der rechten Spur ein, nimmt dann den nächsten Abzweig, reduziert gelassen das Tempo seines Wagens und folgt dem auf dem Schild angezeigten Abzweig nach rechts. Ganz simpel. Könnte man denken. Ist es aber gar nicht. Oder war es nicht immer.

Zumindest, wenn man den Berichten aus den Anfängen des Frankfurter Kreuzes folgt, das man am 10. Juli 1956 eröffnet hat. Eigentlich sollte das Kreuz doch ein Zeichen des Fortschreitens nach dem ganzen Stillstand setzen. Das Abbiegen erwies sich jedoch als ausgesprochen gefährlich, es gab zahlreiche Unfälle. Denn viele Verkehrsteilnehmer wollten sich nicht an das Rechtsabbiegen gewöhnen. Sie zogen es vor, in der Mitte der Fahrbahn kurzerhand links herum zu wenden. Das hatte heftige Unfälle zur Folge. Offensichtlich war den Autofahrern nicht bewusst, dass sie nach rechts rausfahren sollten, wenn sie doch eigentlich nach links wollten. Nachdem sie die Ausfahrt verpasst hatten, fuhren einige kurzerhand rückwärts oder sie wendeten einfach auf der Autobahn. Sie waren es schlicht nicht gewohnt, gradlinig verlaufende Autobahnen zu nutzen. Außerdem waren die Ein- und Ausfädelstreifen wohl zu kurz und die Autos bretterten oft zu schnell über das Frankfurter Kreuz.

Mit 335.000 Fahrzeugen täglich ist das Kreuz heute einer der meistbefahrenen Knotenpunkte Europas. Und zusammen mit den parallel verlaufenden Zugtrassen und dem nahen Flughafen vermutlich einer der wichtigsten Umsteigepunkte im Zentrum des Kontinents.

IAA mit Fly over

Frankfurt unmittelbar nach dem Krieg: Aus dieser Zeit bleiben vor allem zwei Bilder in Erinnerung. Fotos, die Menschenmassen bei der ersten Internationalen Automobil-Ausstellung 1951 zeigen. Und Aufnahmen von Autos auf einem gern genutzten Weg in die Stadt: Sie steuern am Platz der Republik über die Autobrücke, ein „Fly over", eine provisorisch wirkende Brücke, auf ihrem Weg in Richtung Hauptbahnhof. Autofahrer scheren sich nicht um den Verkehr, der sich unter ihnen einen Weg sucht. Darunter verschiedene Linien der Trambahn. Auf ihrem Weg ins Zentrum der Stadt müssen Autos dank des „Fly over" nicht mit Fußgängern rechnen, die ihnen in den Weg kommen könnten, denn „mithilfe zahlreicher Über- und Unterführungen sollte der Fußgängerverkehr zum Schutz der Fußgänger vom Autoverkehr weitgehend getrennt werden", wie der Historiker Dieter Schott schreibt.

Das Fahrrad, zuvor noch eines der gern und auch oft genutzten Verkehrsmittel in der Stadt, gerät in dieser Zeit kurzerhand aus dem Blick. Das hat sich glücklicherweise wieder geändert.

Aufstieg aus Trümmern

Frankfurt boomte. Wie das ganze Land zu Beginn der 60er Jahr. „Wirtschaftswunder" heißt das Zauberwort. Der Krieg ist noch nicht lange zu Ende, die meisten Trümmer weggeräumt. Die Stadt bietet in zentralen Lagen freie Flächen – für Dienstleitungen und Autofahrer. Das Warenhaus Kaufhof, „der Kaufhof", wie Frankfurter sagen, eröffnet in exponierter Lage auf der Zeil.

Die Geschichte des Wirtschaftswunders nach 1945 bringt den Historiker Werner Bendix zu dem Schluss: „Getragen vom Erfolg der Industrie, als Dienstleistungszentrum in der Bizone aufgewertet und unterstützt von kommunalpolitischen Entscheidungen, stieg das zerstörte Frankfurt am Main zur ‚Wirtschaftshauptstadt' der neu gegründeten Bundesrepublik auf".

Im Jahr 1963 erreichte die Stadt 690.000 Einwohner. Und eigentlich nährte das die Hoffnung, die damals schon magisch wirkende Zahl von 700.000 Einwohnern bald knacken zu können. Dies ließ jedoch noch bis zum Anfang des 21. Jahrhunderts auf sich warten.

Dem Trend, dass sich Familien mit ihren Kindern aus der Stadt verabschieden, hatte Frankfurt in den 60er Jahren mit dem Bau der Nordweststadt etwas entgegensetzen wollen. Dort lebt die autogerechte Stadt weiter. Auch einige Kilometer von der City entfernt. Rund um das Nordwestzentrum, Mittelpunkt der Nordweststadt, lässt man auf vier Spuren Einkäufer in ihren Autos im Kreis fahren, bevor sich ein Abzweig zur Tiefgarage findet. Radfahrer hat man dort nicht vorgesehen.

Das soll sich ändern. Jetzt geht es um den Umbau der autogerechten Stadt. Und Frankfurt, die Stadt der kurzen Wege, könnte bald ein Traum sein – Radlers Traum...

6.

PENDLERS GRENZEN

Frankfurt, Pendlerstadt

Faszination Auto

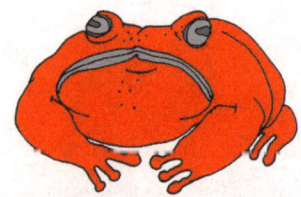

Zuströme aus dem Umland

Zusammen mit Offenbach

Pendlers Grenzen

Heinz Erhard wirkt schon ein bisschen froh, dass es an diesem Morgen endlich weitergeht. Gemeinsam mit Ulrich und Johannes startet er in der Rolle des „Fritz" in dem 1958 entstandenen Film „Immer die Radfahrer". 25 Jahre nach ihrem Abitur setzen sich die drei Herren, inzwischen gereift im bürgerlichen Leben, wieder einmal auf ihre Räder, um wie früher unterwegs zu sein. Inzwischen allerdings als: Gymnasialprofessor, Schauspieler und Eierlikör-Fabrikant. Die Herren lenken ihre „Drahtesel" bei der Revival-Tour in lieblicher Landschaft. Eine geradezu unberührt wirkende Umgebung mitten in den Bergen, abseits jeden Alltags, nur ab und zu rauscht ein Auto an ihnen vorbei. Radfahren heißt für sie, sich in die eigene Jugend zurückversetzen, mal wieder zu einfachen Dingen zurückzukehren: in der etwas verstaubten Filmkomödie so ein bisschen wie Pellkartoffeln mit Quark und Schnittlauch essen.

Das Radfahren ist in dem Film Relikt vergangener Zeit – ein bewusster Gegenakzent: Eine romantische, fast exotische Erfahrung. Als gestandene Männer greifen die Drei auf das Fahrrad zurück und unterstreichen dessen Bedeutungswandel in der Nachkriegsgesellschaft: Während das Auto Beleg des gelungenen Aufstiegs ist, im Alltag für die Fahrt ins Büro bereitsteht, bleibt das Fahrrad das Gefährt der Vergangenheit und der armen Leute. So brächten die drei Herren ihre Velos nie mit „Berufsverkehr" in Verbindung. Auch nicht mit Stau. Der war bis zum Ende der 50er Jahren noch ein Fremdwort. In den Wirtschaftswunder-Jahren galt noch das ungebremste Versprechen der freien Fahrt. Das ändert sich Ende der 50er Jahre, wie Fotos aus dem Frankfurter Institut für Stadtgeschichte belegen: Sie zeigen „Stau an der Hauptwache".

Stop-and-go, zähflüssiger, stockender Verkehr, Stau. Nervenzehrendes Warten: Der ganz normale Wahnsinn. Das, was sich jeden Morgen auf den Einfallstraßen in Frankfurt abspielt. Am frühen Morgen an der Stoßstange irgendeines Vordermannes auf der Hanauer Landstraße zu kleben und sich über die Radfahrer zu ärgern, die an einem vorbeifahren. Das ist die Perspektive der Pendler.

„Was die sich rausnehmen", schimpft einer von ihnen, der dabei zuschaut, wie sie heutzutage in den frühen Morgenstunden die Ratswegbrücke passieren: Radfahrer und Fußgänger. Die Zufahrten rund um die Hanauer Landstraße sind dicht, anders als Radfahrer bleiben Automobilisten wegen der Reparaturarbeiten an der baufälligen Brücke im Stau stecken. Lange Schlangen bilden sich vor den Ampeln am Ratswegkreisel. Die marode Brücke darf nur überqueren, wer mit dem Rad oder per pedes unterwegs ist. Die Brücke, Verbindung in Richtung Bornheim und Ostend, muss im Sommer 2022 saniert werden. Nach vier Jahrzehnten.

„So geht das jetzt schon seit Wochen", regt sich der Pendler auf, eigentlich ein besonner Zeitgenosse. Mittlerweile jedoch leidet seine Geduld mit dem Frankfurter Berufsverkehr. „Die Bauchpinselei für die Radfahrer" müsse ein Ende finden, wettert er. Und zwar grundsätzlich. Denn er als Einzelhändler, der einen Laden in der City unterhält, fühlt sich von der Stadt vernachlässigt. Für die Radfahrer hingegen werde alles getan.

Dabei sollte Frankfurt seine Einzelhändler doch zu schätzen wissen, findet er. Für ihn selbst werde der Weg ins Geschäft seit Jahren immer beschwerlicher, immer länger dauere die Autofahrt über die Hanauer Landstraße, eine der Frankfurter Einfallstraßen.

Man kann Frankfurt „Mainhatten" nennen oder als „amerikanischste Stadt" Deutschlands bezeichnen. Auf jeden Fall ist Frankfurt eine deutsche Pendlerstadt. Oder wie die Stadtverwaltung selbst nach den Erkenntnissen ihrer akribischen Statistiker hervorhebt: „Die deutsche Pendlerhauptstadt schlechthin", Betonung auf „die".

400.000 Menschen kommen täglich nach Frankfurt am Main, um hier zu arbeiten. Schließlich ist Frankfurt ein attraktiver Wirtschaftsstandort mit vielen Arbeitsplätzen. Nach Feierabend verlassen die Pendler die Stadt wieder und fahren zurück in ihre Wohnorte.

Meist mit dem Auto. Vier Fünftel der Pendler, 80 Prozent oder 320.000 Menschen, steuern den Weg zur Arbeit in Frankfurt täglich mit dem Auto an. Viele Menschen ziehen es angesichts der immensen Mietpreise, vor allem aber wegen der hohen Kosten für den Kauf von Wohneigentum vor, außerhalb der Stadt zu wohnen. Grundsätzlich gilt die Regel: Steigen die Kosten fürs Wohnen, wächst die Zahl der Pendler. Manche ziehen es auch vor, außerhalb der Stadt, im Grünen zu wohnen, zumal Eltern mit kleinen Kindern. Dafür nehmen Pendler im Ballungsraum Frankfurt/Rhein-Main einiges in Kauf: Durchschnittlich 24,2 Kilometer legen sie täglich zurück, zumeist mit dem Auto – und viele sitzen allein darin.

Das bringt die Industrie- und Handelskammer in Stellung: „In keiner anderen Großstadt Deutschlands" sei das so. Der Anteil der Pendler sei nirgends so hoch wie in der Stadt am Main. Damit sei die Botschaft klar, die öffentliche Hand müsse dafür sorgen, dass sie dort auch gut hinkämen. Sprich: Neben einem guten Straßennetz müsste auch das Angebot an Bussen und Bahnen verbessert werden.

Die meisten Pendler kommen aus Offenbach: 20.502 Menschen sind es jeden Morgen: Sie machen sich der Statistik zufolge auf den Weg nach Frankfurt, insgesamt jeder vierte Erwerbstätige, der in der Nachbarstadt wohnt. Sie brauchen mit dem Auto durchschnittlich 13 Minuten zu ihrem Arbeitsplatz. Mit Bussen und Bahnen dauert es länger: 22 Minuten.

Aus der Landeshauptstadt Wiesbaden fahren täglich 13.677 Menschen nach Frankfurt, 8.070 sind es aus Hanau. Für ihre Fahrt mit dem Auto nutzen sie die Einfallstraßen.

Die „Einfallstraßen" bekamen ihre Namen nach den Orten, von denen aus die Pendler Kurs auf Frankfurt nehmen: Hanau, Friedberg, Bad Homburg, Bad Vilbel, Mainz, Darmstadt. Einzige Ausnahme: die Eschersheimer Landstraße, benannt nach einem Stadtteil im Frankfurter Norden.

Mit den geographischen Punkten rund um Frankfurt sind auch die Koordinaten der wirtschaftsstarken Metropolregion Frankfurt/Rhein-Main bestimmt. In diesem Ballungsraum im Zentrum der Republik leben 3,5 Millionen Menschen. Verbunden sind sie über ein dichtes Straßennetz.

Doch die Straßen sind chronisch verstopft. Und es werden immer mehr Autos. Trotz der Klimakrise wächst die Zahl der Pkw. Nach Statistiken des Kraftfahrt-Bundesamts ist die Anzahl der Autos in Hessen zwischen 2012 und 2022 um mehr als 440.000 gestiegen. Und allen Umweltdebatten zum Trotz fahren die meisten Pendler weiter mit dem Auto.

Pendeln macht unglücklich. Im Stau zu stehen, frisst Zeit. Freizeit, Lebenszeit. Der Gedanke, „Zeit vertan" zu haben, nagt an vielen, die sich jeden Tag durch den Berufsverkehr kämpfen. Zähneknirschend nehmen sie das in Kauf. Und lassen sich auch auf längere Strecken für den Weg zur Arbeit ein. Manche haben schlicht keine Alternative. Etwa die Bibliothekarin, die jeden Morgen aus dem Nordhessischen zu ihrem Arbeitsplatz nach Frankfurt kommt. „Aus Wetzlar", erzählt sie, „70 Kilometer entfernt". Und, wohl gemerkt, eine Strecke. Etwa eine Stunde mit dem eigenen Wagen. Ohne Auto wäre das Pendeln für sie nicht zu machen. Zumal sie in Schicht arbeitet, was nichts anderes heißt als: In manchen Wochen erst spät Feierabend zu haben. Auf den öffentlichen Verkehr umzusteigen, würde sie eigentlich gern machen, sagt sie, das komme für sie im Moment allerdings nicht in Frage. Die Verbindungen seien zu schlecht. Ihr Schichtende reiche mitunter in den späten Abend. Mit den Fahrzeiten von Bussen und Bahnen habe sich das Thema für sie „schnell erledigt", gleichsam „von selbst". Doch es sind nicht allein pragmatische Gründe, die viele Pendlerinnen und Pendler daran hindern, ihre Gewohnheiten zu ändern. Und stattdessen jeden Morgen über die Einfallschneisen in die Stadt „einzufallen". Etwa die Eschersheimer Landstraße.

An dieser Brücke macht ein junger Mann, Anfang 20, seine Übungen. Er trainiert seinen ohnehin gut ausgebildeten Bizeps mit beeindruckenden Gewichten aus Gusseisen. Und dann, als sei das längst nicht der Last genug, läuft er die Treppen an der Brücke rauf und runter. Mit schweren Hanteln in beiden Händen. Immer wieder. Viele Passanten, die zufällig vorbeikommen, werfen dem jungen Mann einen respektvollen Blick zu. Einige kennen ihn zumindest vom Sehen, schließlich absolviert er an diesem Ort oft sein Programm.

Manche wundern sich: Ausgerechnet an dieser Fußgängerbrücke mitten in der Stadt. Keine zwei Kilometer bis zur Hauptwache. Ganz nahe an dieser stark beanspruchten Straße. Keine sonderlich schöne Ecke, die er sich da ausgesucht hat: Eschersheimer Landstraße, Bremer Straße. Volle Dröhnung. Ein Auto-Hotspot. Pendler nutzen die Straße, wenn sie vom Arbeiten oder vom Einkaufen oder von beidem genug haben.

Zwei Spuren in beide Richtungen: Die Eschersheimer Landstraße. Über ihre Fahrspuren läuft die eigenwillige Konstruktion der verwinkelten Brücke, die der junge Mann zu Trainingszwecken nutzt, in einer Höhe von etwa fünf Metern. Sie läuft über die vier Fahrpuren der Eschersheimer Landstraße und die fünf Spuren der Bremer Straße. „Die Eschersheimer": 6000 Meter Frankfurt am Main. Sie beginnt im Zentrum, am Eschenheimer Turm. Direkt gegenüber stand früher das Gebäude der „Frankfurter Rundschau", das Haus mit der „runden Ecke". Die Eschersheimer Landstraße verläuft streckenweise auf der alten Römerstraße nach Nida und ist eine bedeutende Achse der Stadt. Oberirdisch wie unterirdisch. Schließlich verläuft die wichtigste U-Bahnstrecke der Stadt seit 1968 entlang der Eschersheimer.

Eine Stadtbahn, wie man sie in Deutschland bis dahin nur aus Berlin und Hamburg kannte, galt als bedeutender Ausweis zeitgemäßen urbanen Lebens. Vor allem aber hob die Stadtbahn Frankfurt besonders heraus. Nun verfügte die Metropole am Main über etwas, was sie von der Bundeshauptstadt Bonn und auch von der Landeshauptstadt Wiesbaden deutlich unterschied.

Auf der Eschersheimer Landstraße bis hin zum Dornbusch ließen Bauarbeiter vom 28. Juni 1963 an Stahlträger in den Boden, um die Baustelle sicher und die Arbeiten an der Stadtbahn möglich zu machen. Sie wurden nach und nach im Abstand von zwei Metern in die Erde gebohrt. Damit steckten sie die Trasse für den unterirdischen Verlauf der Stadtbahn ab. Der endet am Dornbusch, wo die U-Bahn aus dem Tunnel kommt. Von dort aus läuft die Trasse oberirdisch bis zum Weißen Stein – in der Mitte der Eschersheimer Landstraße und trennt die angrenzenden Stadtteile. Überaus gefährlich: Mehr als 30 Menschen sind an den Gleisen ums Leben gekommen. Und: in diesem Bereich der vielbefahrenen Straße gibt es noch immer keinen Radweg. Darauf warten die Radfahrer nach wie vor.

Um den Pendlerverkehr in den Griff zu kriegen, suchen Kommunen die Zusammenarbeit. Etwa Offenbach und Frankfurt. Beide Städte, über Jahrzehnte hinweg in tiefer Abneigung verbunden, wachsen gerade am Kaiserlei zusammen. Viele wissen es mittlerweile zu schätzen, gerade am Ufer des Mains mit dem Fahrrad unterwegs zu sein und sich auf den überschaubaren Weg fernab des Autoverkehrs in die Nachbarstadt zu machen. Und sie halten nach der Gerbermühle den Hafen 2 in der Nachbarstadt ohnehin für nichts anderes als einen erfreulichen Szenenwechsel.

Da wäre die Reaktivierung der Straßenbahnlinie zwischen beiden Städten keine schlechte Idee: Die Tram mit der Nummer 16 bis in die Offenbacher Innenstadt oder nach Bürgel zu verlängern. Ob das klappt, hängt von einer Kosten-Nutzen-Analyse ab.

Auch von lästigen Tarifgrenzen im Nahverkehr zwischen Frankfurt und Offenbach wollte man sich längst trennen. So lässt sich schwer nachvollziehen, warum an der Stadtgrenze zwischen Frankfurt und Offenbach ein zweites Ticket fällig wird. Warum die S-Bahn-Fahrerin, die vom Marktplatz in Offenbach die Konstabler Wache in Frankfurt ansteuert, für die zehnminütige Fahrt stolze 4,60 Euro berappen soll. Nur weil die Grenze der Gemarkungen und damit Schnittstellen der Verkehrstarife dazwischen liegen? Spätestens das Neun-Euro-Ticket hat gezeigt, wie einfach und günstig die Reise mit Bussen und Bahnen über Tarif-Grenzen hinweg sein kann.

Eine Zeit lang galt im überschaubaren Frankfurt die „interkommunale Kooperation" als das Zauberwort, auch wenn es darum ging, dass der Platz etwa für neue Wohngebiete in Frankfurt zu knapp geworden ist. Sprich: Man suchte außerhalb der Stadt nach Flächen. Selbst wenn man es anders machen wollte als die Börse, die Frankfurt einst mit dem Umzug in das benachbarte Eschborn unter Beibehaltung des Labels „Frankfurt am Main" eine lange Nase gezeigt hat.

Doch wie bei der Ansiedlung von Gewerbe oder der Ausweisung neuer Wohngebiete, gestaltet sich die Zusammenarbeit auch im öffentlichen Nahverkehr als schwierig. So konnte Frankfurt nicht verstehen, dass das Interesse der Nachbarn in Bad Vilbel plötzlich erlahmte, als es um die Fortsetzung der Straßenbahn-Linie 18 über die Ortsgrenzen hinaus ging: Die Tram sollte auf der Trasse über die Friedberger Landstraße weitergeführt werden, die Frankfurt neu angelegt hatte – in der Hoffnung, damit Pendler zum Umsteigen zu bewegen. Knapp 3000 Pendler, so eine zunächst vielversprechende Studie, hätten mit der Tram perspektivisch auf ihr Auto verzichten können und so auf dem Weg nach Frankfurt nicht länger die Friedberger Landstraße verstopft. Doch die benachbarte Kleinstadt machte einen Strich durch die Rechnung: Keine Straßenbahn durch Bad Vilbel. Soweit die ernüchternde Wirklichkeit. Große Freude kam da in Frankfurt verständlicherweise nicht auf. Bad Vilbel fährt einstweilen weiter Auto.

171

Faszination Auto

Mancher spricht vom „Spritfresser", der „Co2-Schleuder". Andere von der „Blechkiste" oder kurz und knapp von der „Karre". Nicht gerade sonderlich charmant. Doch so ganz kalt lässt das Auto kaum jemanden.

Spätestens wenn ein Aston Martin, ein R4, ein Alfa Romeo Spider, ein VW Bulli oder ein Porsche in die Nähe kommt. Tolle Autos. Der 911 in schwarz oder rot, was sollte sonst noch passieren? Die Faszination Auto lässt sich nicht allein rational erklären:

Der Führerschein, der erste Wagen, die große Freiheit. Der erste Trip nach Italien. Kein Wunder, dass man sich eine ganze Filmgattung ohne Auto schlecht vorstellen kann: das Roadmovie.

Zum Mythos Auto gehört der Citroen DS. „Die" DS, französisch ausgesprochen Déesse, „die Göttin".

Plötzlich baute sich „die Göttliche" auf. 1955 beim Pariser Automobilsalon. Ein Erlebnis, ein Objekt aus einer anderen Welt. Beim Anlassen wuchtete die Hydraulik des Citroen die Karosserie ein Stückchen höher. Völlig ausreichend, um für einen Moment zu denken, „die Göttliche" schwebe ganz leicht über den Boden.

Citroen DS. Groß wie ein Segelboot, breit wie ein Ufo. Ein Auto, wie von einem anderen Stern.

Bei der „Déesse", schreibt der Philosoph Roland Barthes, handele es sich um „einen Wendepunkt in der Mythologie des Automobils". Mit „der Göttlichen" bekomme das Auto eine andere Bedeutung, bisher, so Roland Barthes, habe „das superlativische Auto eher an das Bestiarium der Kraft erinnert". Das Publikum, „betastet voller Eifer die Einlassungen der Fenster, es streicht mit den Fingern den breiten Gummirillen entlang, die die Rückscheibe mit ihrer verchromten Einfassung verbinden." Am Ende seines Essays „Mythen des Alltags" entzaubert Roland Barthes den Mythos um „die Göttliche", das Auto, radikal: „Das Objekt wird vollkommen prostituiert und in Besitz genommen." Die Faszination aber bleibt. Die Faszination Auto.

Bei aller Liebe: die rasche Zunahme des Autoverkehrs in den Städten führte dazu, dass Stadtbewohner mit dem Auto allmählich Lärm, Abgase, Staus und verpestete Luft zusammenbrachten.

Unmut machte sich bald breit. Schon vor den Warnungen des „Club of Rome" vor den „Grenzen des Wachstums" spürten die Städte Verunsicherungen darüber. Der Deutsche Städtetag nahm sich des wachsenden Unmuts in den Kommunen an und warnte bereits im Jahr 1971, als andere noch vom bundesrepublikanischen „Wirtschaftswunder" schwärmten: „Rettet unsere Städte jetzt!". Der damalige Präsident des Städtetages, Münchens Oberbürgermeister Hans-Jochen Vogel, hob in diesem Zusammenhang vor allem ökologische Aspekte hervor: „Die Zukunft der Menschheit liegt in den Städten von morgen und es wird nur in lebendigen Städten eine hoffnungsvolle Zukunft sein."

Heute empfiehlt der Städtetag den Gemeinden, die Verkehrswende voranzutreiben und dafür auf wissenschaftliche Expertise zurückzugreifen, um sich in Debatten nicht bange machen zu lassen. Für „lebenswichtige Infrastrukturen" müssten Bund und Länder sorgen. Für das Programm „Mobilität für alle" brauche das Land Investitionen „mindestens für zehn Jahre". Nur so lasse sich verhindern, dass Menschen sich abgehängt fühlen könnten, wenn sie auf langen Wegen nicht via Bus und Bahn zur Arbeit kämen.

Es gehe darum, „nachhaltige und umweltgerechte Mobilität in Städten und Regionen" möglich zu machen.

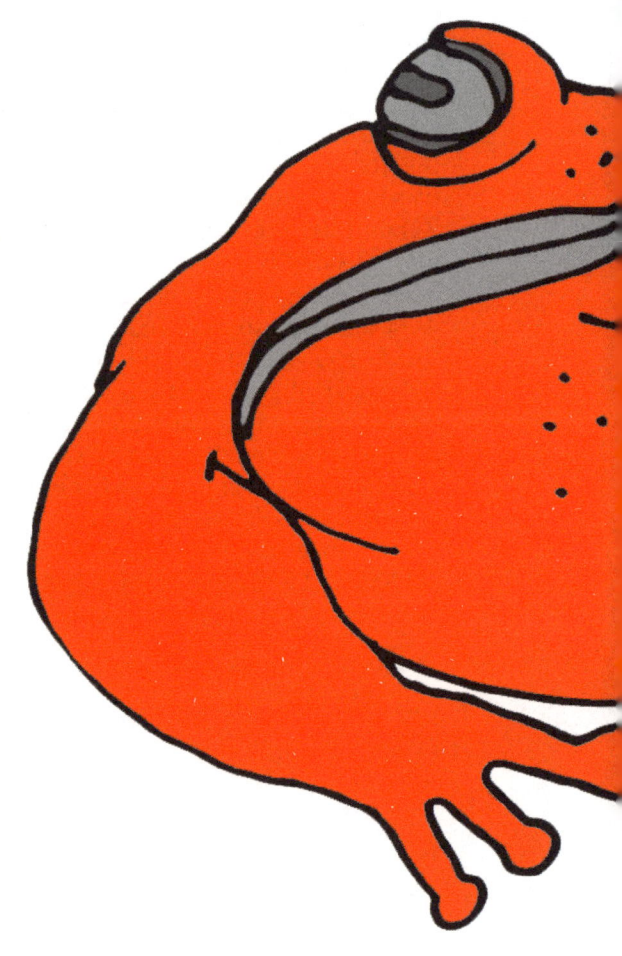

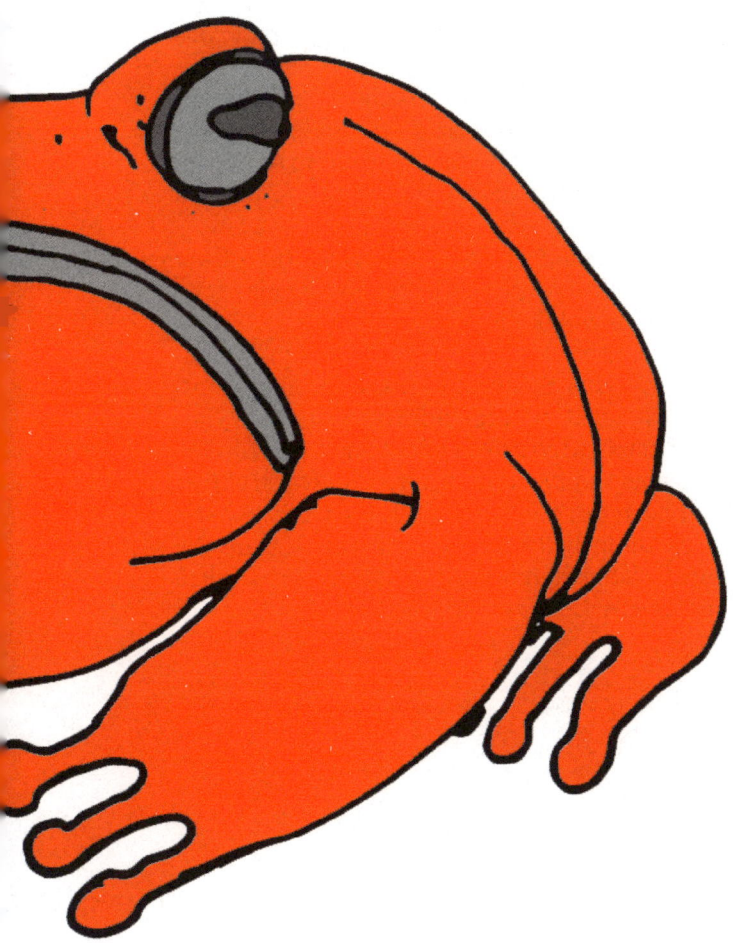

Im Namen der Kröte

Sobald es um „die Rettung der Städte" ging, spielte die Verkehrspolitik eine bedeutende Rolle. Verkehrspolitik hieß zunächst vor allem Straßenbau. Geteerte Fahrbahnen, versiegelte Flächen, zwei Richtungen, immer geradeaus, exklusiv für Autos. Wo immer Anwohner über Behinderungen des Verkehrs oder Staus klagten, fanden sie bei der Politik offene Ohren. Die Lösung für den Engpass: Eine weitere Straße, das war das Rezept.

Ökologisch inspirierte Zeitgenossen versuchten, das zu verhindern, betrachteten den Bau neuer Straßen bald als Sündenfall. Den Schutz von Natur und Tieren machten sie dabei häufig zu ihrem Anliegen. Etwa wenn im Frankfurter Westen Kröten unter dem Straßenbau zu leiden hätten.

Für Frankfurter Umweltschützer ist der Einsatz für „Bufo bufo" in den 80er Jahren eine Selbstverständlichkeit. Kleine niedliche Wesen mit beträchtlichem Sprungvolumen.

Den Umweltschützern geht es darum, den Kröten im Frankfurter Westen ihren Weg durch den Stadtwald zu lassen. Die Naturschützer wollen „Bufo bufo" nicht für die umstrittene, neue Umgehungsstraße opfern. In frühen Morgenstunden bauen sie für die kleinen, quirligen Wesen eigene Bahnen und nennen die Konstruktion Krötentunnel. Sie fürchten auch um die Schwanheimer Düne, wo die seltene Kreuzkröte bufo calamita heimisch bleiben soll. Damit die während der Laichzeit nicht plattgefahren werden, gibt es inzwischen einen großen Krötentunnel an der Leunastraße.

Eine Maut für Frankfurt. Eine Weichenstellung für die Republik wäre das, dachten manche. Was man aus Bologna schon gehört hatte, aus London als eine Überlegung zur Verkehrswende in der Millionenstadt vernahm, würde bestimmt auch vielen in Frankfurt am Main gefallen. Einige dachten bereits in den 90er Jahren, dass die Zeit für sowas reif ist.

Damals klagte man über die vielen Autos, aber eine radikale Verkehrswende war noch kein Thema. Über die Vorzüge des Radfahrens sprach kaum einer. Beim Zurückdrängen des Autoverkehrs ging es zuallererst darum, für Anwohner Ruhe zu gewinnen und um bessere Luft. Die Meßstationen auf den Dächern der Häuser innerhalb des Alleenrings belegten allzu deutlich: „Alles andere als gut". Doch wer umweltpolitisch Veränderung will, muss sich auch etwas trauen. So etwas braucht zuallererst Mut. Und das politische Gespür, das auch „langer Atem" eine verlässliche Ressource sein sollte. Kurzum: Frankfurt brauchte einen, der sich nicht einschüchtern lassen würde.

So einer war Lutz Sikorski. Verkehrsdezernent, Grüner. Zum ersten Mal in der Geschichte der Stadt kappte ein Stadtrat den innerstädtischen Durchgangsverkehr. Sikorski ließ das kleine Stück Straße an der Hauptwache zwischen Katharinenkirche und Kaufhof kurzerhand dicht machen. Dieser Teil sollte künftig allein den Fußgängern überlassen werden. „Damit gewinnen die Frankfurter ein Stück wertvollen Stadtraum zurück", stellte der Dezernent 2009 bei der Schließung der Hauptwache für den Autoverkehr in Aussicht.

Die Durchfahrt vom Roßmarkt über die Hauptwache zum Eschenheimer Turm und damit zur Eschersheimer Landstraße ist seitdem gesperrt. Sikorski zeigte sich überaus optimistisch. Die Erfahrung zeige, dass Veränderungen „etwas Zeit brauchen", es sei eben ein Prozess. Gleichwohl – ein lohnender: „Die Durchfahrt hat unsere Innenstadt jahrzehntelang geteilt und zerschnitten – und zwar mittendrin, im Herzen sozusagen."

Die Sperrung folgte einem Beschluss des damaligen Viererbündnisses im Römer aus CDU, SPD, Grüne, FDP. Allein die Industrie- und Handelskammer fürchtete um die Geschäfte in der Innenstadt. Stadtrat Sikorski teilte diese Befürchtungen nicht, zumal ja in dem neuen Kaufhaus „My Zeil" zeitnah ein neues Parkhaus eröffnet werde.

Für den Durchgangsverkehr wurde die Hauptwache plötzlich zum Tabu. Mit dem nördlichen Mainkai tun sich die Nachfolger Sikorskis schwerer. Nach dem ersten Versuch, die Uferstraße 2019 für 13 Monate zu sperren, öffnete man das Straßenstück am Main wieder für den Autoverkehr. Im Sommer 2022 versuchte man den nächsten Anlauf: Der Mainkai blieb für zwei Monate den Radfahrern und Fußgängern überlassen. Eine unendliche Geschichte? Postwendend bringen sich Kommunalpolitiker in geübte Positionen: Gewonnen sei nichts, da sich damit der Autoverkehr nur verlagere. Sagen die einen. Gefunden sei damit der Schlüssel dafür, über die Innenstadt als autofreie Zone nachzudenken, sagen andere.

Über die Kappung der Hauptwache regt sich heute in Frankfurt kein Mensch mehr auf. Das hätte selbst Lutz Sikorski nicht erwartet.

7.

VERKEHRS-WENDE AUF FRANKFURTS STRAßEN

Verkehrswende auf Frankfurts Straßen

IAA und Frankfurt

Raum fair verteilen

Perspektive 30 Prozent

Reparatur der alten Stadt

Radentscheid Frankfurt, zweite Phase

Perspektive Mobilität

Mit Matthäus Merian verbindet Frankfurt beste Zeiten. Johann Wolfgang Goethe erinnert sich in „Dichtung und Wahrheit", er habe über die große Folio-Bibel des berühmten Kupferstechers des 17. Jahrhunderts „von den merkwürdigsten Fällen der Weltgeschichte" erfahren. Zu Merians Zeit, spätestens seit er den Frankfurter Verlag seines Schwiegervaters übernimmt, spricht man über die Stadt als „ein Mekka für Büchermacher und Buchliebhaber". Matthäus Merian ist gerade 25 Jahre alt, „als er sein großes Meisterwerk radierte; Frankfurt einen Meter und elfeinhalb Zentimeter breit, von drei Kupferplatten gedruckt." Es ist, so der 2003 verstorbene Maler-Kollege Michael Matthias Prechtl nicht ohne Augenzwinkern, „ein prachtvoller Propagandaprospekt, wie vom Oberbürgermeister, Messevorsteher und Fremdenverkehrsdirektor gemeinsam bestellt."

Matthäus Merians Kupferstiche zeigen Städte aus der Zeit vor dem Dreißigjährigen Krieg gleichsam aus der Vogelperspektive: Die ersten „Stadtpläne". So stand etwa Frankfurt Modell innerhalb der Wallanlagen. Eine Darstellung, die bis heute als schematisches Raster des Ersten Rings zwischen Innenstadt und Sachsenhausen allen Stadtplänen der Stadt am Main zugrunde liegt.

„Einer radialen Stadt", wie Heiko Nickel sagt. Einer Stadt, die sich seit alter Zeit in Schichten entwickelt hat. Von einem Mittelpunkt strahlenförmig ausgehend. Heiko Nickel ist von Haus aus Biologe und Geograf, eine Berufsgruppe, die sich einst auch mit dem Erfassen und Vermessen der Welt befasst hat. Vielleicht ein bisschen so wie Matthäus Merian sein Frankfurt lange vor der Entdeckung der Fotografie genau festhielt und kartographierte. Eine Stadt, die sich an das Ufer eines Flusses schmiegt.

Manche sagen: Die Linien der radialen Stadt entfalteten sich wie eine Zwiebel. Andere halten entgegen: Beim Vergleich mit einer Zwiebel taugten die Proportionen nicht, die ganz alten Straßen seien nicht von der Dimension, von dieser Üppigkeit wie die Berliner Straße, die man nach dem Zweiten Weltkrieg als Schneise in die Innenstadt gehauen hat.

Auf jeden Fall gehe seine Konzeption für die Verkehrswende in Frankfurt von der „Entwicklung der alten Stadt" aus, hebt Nickel hervor: Er hat gemeinsam mit anderen den Radentscheid durchgesetzt.

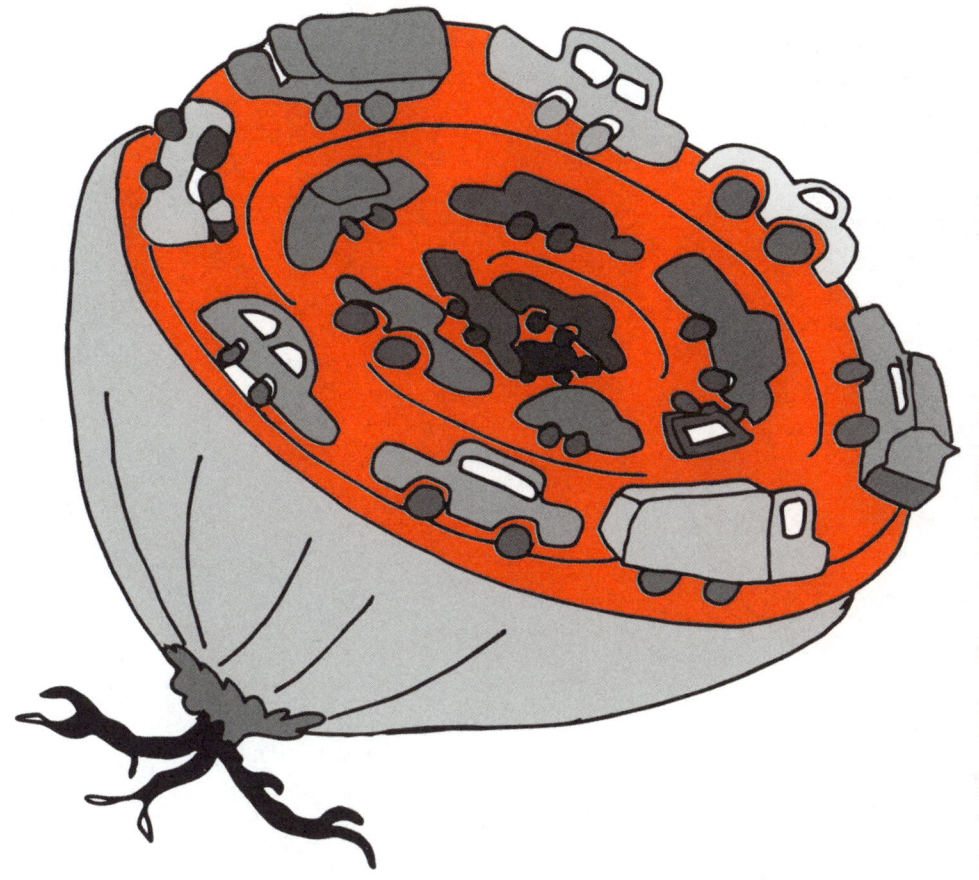

Jetzt setzt er die Verkehrswende als strategischer Planer im zuständigen Dezernat praktisch um. Nach und nach wächst das Konzept der separaten Radwege allmählich über den ersten Kreis hinaus, im Grunde dem von Matthäus Merian einst in Kupfer gestochenen Bereich. „Wir verfolgen den Ansatz, die alte Stadt zurückzuholen", betont Nickel. Es gehe ihm darum, die Stadt entlang der alten Wallanlagen wieder ins Bewusstsein der Frankfurter zu bringen, auch um „die Narben" der autogerechten Stadt zu heilen. Damit sei der Grundsatz skizziert, hebt Nickel hervor, und das Programm entfaltet.

Grundsätzlich gilt aus seiner Sicht: Das Auto zu nutzen, sei für ihn „in Ordnung". Allerdings, setzt er entschlossen hinzu, müsse man dafür – wie beim öffentlichen Nahverkehr – eine Kosten-Nutzen-Rechnung anstellen: „Wer ins Auto steigt, sollte nicht nur mit den Ausgaben für das Benzin rechnen." Schließlich fielen auch Kosten für die Nutzung der öffentlichen Straßen, für den Parkraum an. „Wir müssen wegkommen von diesen Vorstellungen, es handele sich quasi um Kostenlos-Verkehr", sagt Nickel. Bislang würden die Kosten und Umweltschäden des Autoverkehrs wie selbstverständlich als Ausgaben der öffentlichen Hand verbucht. Es gehe „jetzt nicht um Abzocke", hebt er hervor, allerdings müsse es ein Ende damit haben, dass die Kosten fürs Fahren mit dem Auto „wesentlich von der Allgemeinheit getragen werden." Das ließe sich über Parkgebühren regeln und eine Abgabe für die Nutzung der städtischen Straßen, etwa eine City-Maut. Zum Beispiel via App. Ähnlich einem Fahrschein für Busse und Bahnen, könnte für das Autofahren in der Innenstadt künftig auch ein digitales „Ticket" nötig sein.

Schließlich habe der Radentscheid ein klares Ergebnis gebracht, hebt Nickel hervor. Das stehe für ihn außer Frage. Der Tod eines Radfahrers in der City sei für das Votum der Stadtverordneten schlussendlich ausschlaggebend gewesen: Von diesem Momentum an, unterstreicht Nickel, habe es kein Zurück mehr geben dürfen. Damit sei die Verkehrswende in Frankfurt besiegelt.

Begonnen habe es mit der Markierung der Wege, als nächsten Schritt „nahmen wir uns vor, ein Netz sicherer Wegebeziehungen für den Radverkehr zu entfalten". Heute seien Radwege an vielen Stellen breit genug, an etlichen Ecken auch abgepollert. Viele Radfahrer und Radfahrerinnen beharren aber darauf, diese Wege durchgehend mit Pollern sicherer zu machen, auch damit Paketdienste sie nicht ständig zuparken. Doch dafür gibt es Grenzen, hebt Nickel hervor. Etwa wenn Notdienste nahe an Hauseingängen halten müssten: „Wir können nicht die ganze Stadt abpollern."

Bei den Umbauten seien erste Schritte gemacht, Nickel nennt die Berliner Straße und den Oeder Weg. „Mittelfristig" müsse die Stadt jetzt das Gemachte „verstetigen", was aus der Sicht des Radentscheids nichts anderes heißt als Standards entwickeln: „Bordsteine versetzen, Kreuzungen aufpflastern, neue Plätze gestalten."

Ein Programm, das nach früheren Radentscheiden auch in anderen Kommunen, etwa in Bamberg, zu konkreten Verabredungen mit der Stadt geführt hat. Unter dem Label „Bambergs Radler fordern die Radl-Revolution" bündelten sie folgende Punkte: breitere Radwege, schnelle Trassen und mehr Abstellplätze. Perspektivisch abgesprochen, wie ein Drehbuch für Radentscheide – nun sollte nichts mehr dazwischen kommen, und jetzt würden alle Beteiligten Gelegenheit haben, womöglich aufgeregte Gemüter wieder zu beruhigen.

Etwas Beruhigung könnten in Frankfurt auch die Streithähne am Sachsenhäuser Mainufer gebrauchen. Im Stadtparlament legten Politiker den Kontrahenten nahe, in der Debatte doch besser nicht weiter so zu tun, als gehörten beide Seiten des Mainufers nicht zu einer Stadt: das nördliche und das auf der Sachsenhäuser Seite. Schließlich ginge es bei der Verkehrswende um ein gesamtstädtisches Projekt.
Gelegentlich vermittelten auch Sachsenhäuser Grüne im Ortsbeirat 5 den Eindruck, als bekäme der südliche Stadtteil den Pendlerverkehr allein ab, als seien Straßen in diesem Teil der Stadt diesem hoffnungslos ausgeliefert.

Von zentraler Bedeutung, ist sich Heiko Nickel sicher, dürfte vor allem der Wandel der Berliner Straße sein. Die zentrale Ost-West-Verbindung in der Innenstadt hat im Frühjahr 2022 ebenfalls rot gesehen: breite Radstreifen, knallrot markiert, machen das Radfahren auf dieser bislang ziemlich hässlichen und gefährlichen Autoschneise attraktiver. Die vier Spuren für den Autoverkehr reduzierte man dafür auf zwei. Ein Geben und Nehmen, das in den jeweiligen Communities genauestens registriert und kommentiert wird. Am Ende soll aus der „Berliner" ein „urbaner Boulevard" werden. Dazu gehören Bäume, die man auf der Berliner Straße setzen will.

Auf jeden Fall, darauf besteht Heiko Nickel, gehe es darum, den öffentlichen Raum fairer zu verteilen. Auch die in den Blick zu nehmen, die bislang am stärksten unter der Dominanz des Autoverkehrs leiden: Kinder. Dazu zählt auch eine Erfahrung, die Verkehrsplaner am Mainufer machten: Dort hätten sich junge Radfahrer während der Sperrung getraut, den Weg am Ufer zu nutzen ohne ständig auf Autos achten zu müssen.

Plötzlich, sagt Heiko Nickel, brauche man vor allem Platz: „Raum für Bäume, Platz für Fußgänger, Wege für Radler". Sein Konzept „Stadt am Main" lasse sich umsetzen, wenn der öffentliche Nahverkehr ausgebaut werde, das Tempo gedrosselt, die Ränder der Straßen nicht von Autos zugeparkt und die breiten Hauptstraßen zurückgebaut werden. Vorstellen könnten sich Frankfurterinnen und Frankfurter das Konzept als System eines Baukastens: Nach und nach nimmt man sich einzelne Bausteine vor und setzt sie in den Straßen um – in den Straßen des radialen Systems.

Sein Grundsatz laute, unterstreicht Nickel: „Wir brauchen eine andere Form der Mobilität." Im Grunde sei, genauer betrachtet, „die neue Mobilität die alte Mobilität": Das Revival der Fußgänger und der Radfahrer. Die Verkehrswende vollziehe man in radialen Bahnen vom Bereich der alten Wallanlagen aus, Merian sei dank. Die Sperrung des nördlichen Mainufers sollte man als Start für eine Diskussion um die autofreie Innenstadt nehmen. Nickel setzt sich dafür ein, das Zentrum vom Auto zu befreien und den motorisierten Individualverkehr in der ganzen Stadt zu verringern.

Den Teil des Pendlerverkehrs, in dem drei von vier Sitzen leer bleiben, also 75 Prozent, „würde die Stadt gern von der Straße kriegen". Dann seien auch die nötigen Fahrten von Handwerk und Anlieferung kein Problem mehr.

Für Straßen wie die „Berliner" will man künftig Tempo 40 anpeilen. Für Wohnstraßen soll Tempo 20 gelten. Damit orientiere sich die Geschwindigkeit künftig am Tempo der Radfahrer. Dann, setzt Heiko Nickel hinzu, „gibt es keinen Grund mehr, ein Fahrrad zu überholen". Es könnte der Beginn einer neuen Zeit sein. Einer Zeit, für die heute „Kopenhagen" wie ein Zauberwort steht. Die Grünen führen, neben vielen anderen, die dänische Hauptstadt als beispielgebend an und weisen in der Diskussion das Fahrrad als „City Changer" aus, um damit zu sagen: „Nur mit einer nutzerfreundlichen und sicheren Radinfrastruktur kann die kommunale Verkehrswende gelingen." Städte wie Kopenhagen hätten dies vorgemacht und „auch in Deutschland setzt sich diese Einsicht zunehmend durch". Von Berlin aus habe der Volksentscheid für ein Mobilitätsgesetz Sog entwickelt, Radentscheide in verschiedenen deutschen Städten brächten die Verkehrswende voran: „Der Aufbruch im Radverkehr ist geschafft", hieß es 2020 bei der Heinrich-Böll-Stiftung. Die Kommunen sollten die Vorzüge des Radfahrens für die Lebensqualität ihrer Bürger in den Vordergrund stellen, „in künstliche Konflikte wie ‚Autofahrer gegen Fahrradfahrer‘ " sollte sich niemand drängen lassen.

Mikael Colville-Andersen, Autor des Buches „Copenhagenize", buchstabierte das Zauberwort und brachte das Fahrrad mit den Träumen politischer Gruppierungen seines Landes zusammen: „Für die Linken ist es ein träumerisches Vehikel, das all das Potenzial für soziale Gerechtigkeit und Zusammenhalt sowie das Erreichen von Umweltzielen in sich vereint", schreibt er. Dagegen sei es für die Konservativen „der ultimative Weg zu Freiheit, indem es konkurrenzlos unabhängige Mobilität bietet mit einem absolut sicheren Return on Investment".

An die Zeit zwischen den Jahren 2017 und 2018 denkt David Grünewald gern zurück: „Nach Bamberg wagte sich Darmstadt an den dritten Radentscheid in Deutschland", erinnert sich der Initiator des Projekts Radentscheid für die südhessische Stadt. Die Initiative wollte auch an dem Hochschul-Standort durchsetzen, was die Mitstreiter der Radentscheide zum Standard in den deutschen Städten – nicht anders als in Kopenhagen – machen wollen: „Es braucht eigenständige Radwege ohne Konflikte mit dem Kraft- und Fußverkehr, breit genug zum gegenseitigen Überholen oder um sich mal beim Radeln zu unterhalten und zwar flächendeckend an jeder Hauptstraße."

Grünewald suchte für das Projekt den Kontakt zu den Studierenden. Dabei sei er prompt auch von den örtlichen Grünen zu einer Kaffeerunde gebeten worden: Man habe ihm nahegelegt, er solle vom Bürgerentscheid Abstand nehmen und lieber mit der „Ökopartei" gemeinsame Sache für die Radfahrer in Darmstadt machen.

Doch Grünewalds Initiative ließ sich nicht reinreden und sammelte selbst Unterschriften für den Bürgerentscheid. 3.447 Unterschriften wären nötig, drei Prozent der Stimmberechtigten bei der zurückliegenden Kommunalwahl. Drei Prozent von 100.000 Einwohnern, die Darmstadt zählt. Die Initiative aber schaffte 11.282 Unterschriften.

Geschafft. Denkste. Darmstadts Koalition bewertete das Bürgerbegehren Radentscheid als „materiell unzulässig", schließlich sei die Berechnung der Kosten für die angestrebten Vorhaben unzureichend. Diese lägen mindestens doppelt so hoch. Dabei stellte die Stadtregierung öffentlich klar, man halte die Ziele prinzipiell für richtig: „Der Magistrat der Wissenschaftsstadt Darmstadt hat zwar die Form des Bürgerbegehrens für rechtlich unzulässig erklärt, die inhaltliche Unterstützung durch den Radentscheid aber aufgegriffen und ab dem Jahr 2019 eine mehrjährige Radoffensive gestartet." Mit der Offensive solle die Quote des Radverkehrs am städtischen Gesamtverkehr bis zum Jahr 2030 auf 30 Prozent steigen. Erreicht werden solle ein durchgängiges Netz. Kreuzungsfreie Radwege in Richtung Frankfurt inklusive.

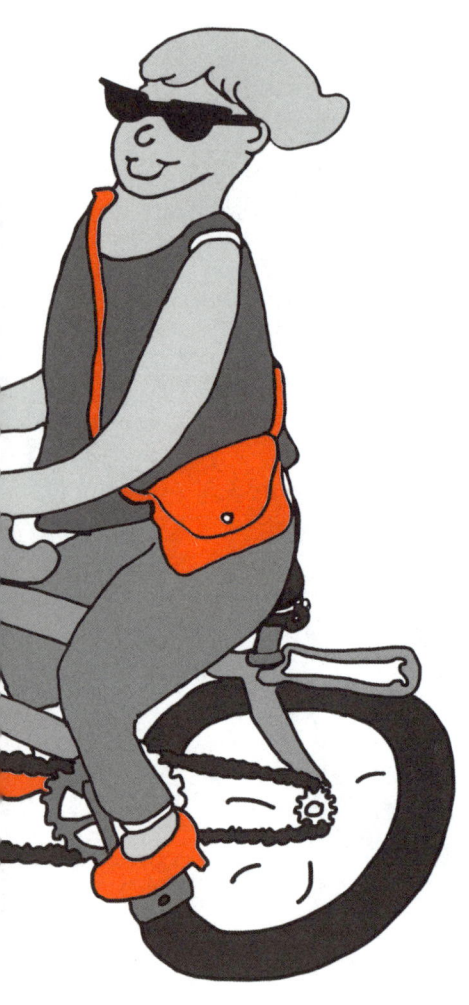

Heiko Nickel fallen ganz viele Gründe ein, um beim Ausbau der Frankfurter Radwege nicht Halt zu machen. Schließlich steht die Verkehrswende erst am Anfang.

Am Anfang des weiteren Nachdenkens darüber, was zeitgemäße Mobilität eigentlich ist. Erste Antworten verspricht sich Nickel von dem wichtigsten Fahrrad-Forum, das die Fahrrad-Messe „Eurobike" im Jahr 2023 begleitet: der nationale Radverkehrskongress.
Alle zwei Jahr kommen dazu auf Einladung des zuständigen Ministeriums Experten zusammen, um Perspektiven des Radverkehrs auszuloten. Im April 2021 trafen sie sich in Hamburg. In der Hansestadt hat der damals verantwortliche Minister Andreas Scheuer angekündigt, Deutschland werde zum Fahrradland. 2023 tagt der Kongress in Frankfurt.

Zu der ersten Ausgabe der „Eurobike" 2022 waren 60.000 Besucher gekommen: Vor allem Lasten-Räder und E-Bikes fanden an den vier Messetagen im Juli große Resonanz und machten in Frankfurt am Main deutlich: Die Branche strotzt vor Optimismus, mit der Verkehrswende zu den Gewinnern zu gehören. Fachleute sagen exorbitante Zuwächse vor allem bei den Cargobike-Verkäufen voraus. Gerade für das Mitnehmen von Kindern und die Zustellung von Paketen sei jeweils ein sattes Plus zu erwarten. Zuletzt seien die Verkäufe von Lasträdern schon um mehr als 60 Prozent gestiegen.

Verkehrspolitisch gehe es darum, die Infrastruktur für E-Biker zu verbessern und über das Tempolimit „45" nachzudenken, ließ sich als Tenor der Messe zusammenfassen. Der Verlust der Internationalen Automobil-Ausstellung scheint allerdings schnell vergessen. Allein das Boulevardblatt „Bild" höhnte über die Eurobike: „Von wegen neue IAA".

Hildegard Müller wollte 2020 überhaupt keinen Zweifel aufkommen lassen, dass sie als neue Präsidentin der Vereinigung der Deutschen Automobilindustrie auch in der tiefen Krise der Branche für Optimismus stehe. Sie sollte Zuversicht verbreiten, denn es schien unbedingt geraten, nach dem Abschied aus Frankfurt am Main im Jahr zuvor für gute Laune zu sorgen, denn die Internationale Automobil Ausstellung würde nach Jahrzehnten den gewohnten Standort verlassen und sich nach München verabschieden. Auf die Herausforderungen der Gegenwart wolle man mit „Fortschritt" und „Wachstum" reagieren, sagte Müller beim Antritt ihres neuen Amtes Anfang 2020. Und bestimmt nicht mit „Verboten" und „Verzicht", setzte sie hinzu.

Zum Abschied von der IAA hielt nicht nur die „FAZ" Frankfurts Oberbürgermeister Peter Feldmann vor, sich nicht entschieden genug für die Messe eingesetzt zu haben.

Aber obwohl die Messe Millionen in die Kassen der Stadt gespült hatte, weinen ihr nicht alle in der Stadt am Main hinterher. Nach der ersten Eurobike hat sich der Fokus der Diskussion bereits verändert. Für die Zukunft des Radfahrens in Frankfurt, sagt Jacob Liebs, wünscht er sich, dass perspektivisch Radwege nicht mehr im Nichts enden, sondern für Pedalisten und Autofahrer „die gleichen Maßstäbe gelten", und das heißt für den leidenschaftlichen Radfahrer: „Die Stadt nimmt in Zukunft das Rad genauso wichtig wie das Auto." Was allerdings an dieser Stelle oft fehle, sei der Mut, sich etwas zu trauen, selbst, wenn man mal mit Ärger rechnen müsse. Liebs ist Sprecher des Verkehrsclubs Frankfurt und betreibt persönlich eine Radsportveranstaltung, die sich „Kriterium" nennt. Ein 60-Kilometer-Rennen, bei dem jeder Fahrer einzeln nach einem Punktesystem beurteilt wird.

Die IAA habe früher mit Fragen nach den Perspektiven des Verkehrs nichts zu tun gehabt. Es sei allein um den Kauf neuer Autos gegangen, „bei dieser Messe hat man aber nicht über Perspektiven der Mobilität nachgedacht", hebt Heiko Nickel hervor. Künftig ständen allerdings die Fragen, wie man sich in der Stadt bewegt und welche Wege man wählt, im Vordergrund. Viel Zeit also für die Frage, wie man sich das Leben in der Stadt perspektivisch vorstellt. Und zwar als junger und als alter Frankfurter, als Fußgänger, als Radfahrer, wie als Taxinutzer, als Roller-Lenker und als Autofahrer. Fragen auch danach, was man von der eigenen Stadt verkehrspolitisch erwartet. Welche Wege man sucht, die als sicher gelten, auf denen man fährt, um zügig voranzukommen. Und an welchen Ecken Frankfurts man gerne flaniert.

Vielleicht kommen dabei wieder die alten Bilder von Matthäus Merian in den Sinn. Für Michael Matthias Prechtl sind sie „utopische Sehnsuchtsbilder geworden, und gerade deshalb sind seine über 350 Jahre alten Ansichten noch heute allgegenwärtig".

FRANKFURTER

ANSICHTEN

Frankfurt, fahrradgerecht

Für das Radfahren haben Frankfurter schon von jeher ein ganz besonderes Faible. Ob in der Fahrschule des Rad-Pioniers Heinrich Kleyer nahe dem Hauptbahnhof, in der man hinter verschlossenen Türen neue „Hochräder" und das Balance halten ausprobieren konnte. Oder an der Radrennbahn im Palmengarten, auf der man Helden wie Alfred Lehr bewundern durfte. Beliebt auch die Darbietungen der Schimpansin Basso, die mit ihren Rechen- und Radfahr-Künsten, angespornt von Psychologie-Professor Karl Marbe, in Frankfurts Zoo Menschen begeisterte. Gern nutzten die Frankfurter die Gelegenheiten, menschliche, aber auch tierische Könner auf dem Zweirad zu feiern. Pünktlich zum 1. Mai versteht sich das ohnehin von selbst: Dann feuern sie an der Alten Oper etwa Sam Bennett im spannenden Finish nach 183,9 Kilometern an, 2022 Sieger des Radrennens „Frankfurt, Eschborn", früher „Rund um den Henninger Turm".

Frankfurt ist bis in die erste Hälfte des 20. Jahrhunderts eine Stadt des Radfahrens gewesen. Daran erinnert sich nur kaum einer. Radfahren war Gesellschaftssport, machte Frauen mobil und diente als bezahlbares Vehikel für Arbeiter.

Eine Tradition, die nach dem Krieg verschütt ging. Ein Stück Frankfurter Geschichte, an die man anknüpfen kann, um Wunden zu heilen, die „die autogerechte Stadt" in Frankfurt gerissen hat. Und um Frankfurt wieder zu einer Fahrradstadt zu machen – Radlers Traum. Frankfurt muss sich von den Sünden der Nachkriegszeit befreien. In der man alles dem Auto, dem Symbol des Wirtschaftswunders und des ersehnten Aufstiegs, unterordnete. Das Auto stand für den Traum von Unabhängigkeit und Freiheit. Den Führerschein zu machen, gehörte zum Initiationsritus vieler Generationen. Doch damit ist es vorbei. Die Jungen schenken sich die Fahrschule und gehen lieber für das Klima auf die Straße.

Das bedeutet: Ein umfassender Umbau ist angesagt.
Richard Sennett, Stadtdenker, hat Planern grundsätzlich empfohlen, von Handwerkern zu lernen. Schließlich haben die für ihre Reparaturen drei Strategien: „Restaurierung, Sanierung oder Umbau." Eben diese Handlungsanleitungen könne „auch eine Stadt einsetzen, wenn sie vom Klimawandel oder von inneren Brüchen bedroht wird". Für Sennett selbst ist in seinem Buch „Die offene Stadt" die wertvolls-

te unter den Techniken, eben „die Kunst der Umgestaltung". Für den Umbau steht das Projekt Radentscheid, mit dem Radfahrerinnen und Radfahrer bekommen sollen, was man ihnen bislang vorenthalten hat: Sichere Wege. Sie gehören zu dem Bemühen, den Raum der Stadt gerechter zu verteilen – auch Fußgängerinnen und Fußgänger, Kinder und Alte künftig mehr in den Fokus zu nehmen. Das Programm steht am Anfang einer neuen städtischen Mobilität für Frankfurt am Main.

Nach dem Sommer 2022 müsste klar geworden sein: Der Klimawandel hat längst begonnen. Mit bis dahin nicht gekannten Hitzewellen, Temperaturen von 38,4 Grad Celsius am Frankfurter Flughafen, qualmendem Asphalt, verdörrtem Rasen am Ufer des Mains und der ständigen Brandgefahr im Stadtwald. Andere Regionen der Welt bekamen die Folgen des Klimawandels viel krasser zu spüren. Pakistan erlebte schreckliche Überflutungen, Indien litt unter extremer Hitze. Ein Sommer, der es in sich hatte, selbst wenn Deutschland dramatische Wetterereignisse wie die Sturmflut im Ahrtal 2021 erspart blieben. Deswegen kann es nur gut sein, sich nicht über die radfreundliche Gestaltung von Straßen als „Bullerbü" lustig zu machen, sondern seinen Geist als aufgeklärter Mensch darauf zu konzentrieren, wie sich der individuelle Autoverkehr zwar nicht abschaffen, gleichwohl aber deutlich reduzieren lässt.

Gegenwärtig sind in Deutschland knapp 59 Millionen Autos unterwegs, Stand 2021. In Frankfurt zählten Statistiker 336.000 Autos. Trotz aller Brisanz ein Plus von 1,2 Prozent im Vergleich zum Vorjahr. Der Initiative „Agora Verkehrswende" zeigt das: Für das Ziel einer emissionsarmen Mobilität komme es darauf an, die Verkehrswende nicht weiter zu verzögern. Je länger man warte, desto grösser werde der Rückstand zu anderen Ländern – mit nicht abzusehenden Konsequenzen, nicht nur für das Klima, sondern auch für den Wohlstand. Mit der „Politik des Unterlassens" müsse es ein Ende haben, macht der Wissenschaftler Philipp Lepenies in seiner Studie „Verbot und Verzicht" deutlich. Angepeilt werden müsse „eine gesellschaftliche Transformation hin zu mehr Nachhaltigkeit". Projekte zur Verkehrswende seien „kein ideologisches Hirngespinst", unterstreicht er, diese Transformation sei „eine klare Notwendigkeit". Die Klimakatastrophe, darauf besteht Lepenies, „braucht eine Politik der Aktion und eine Politik der Verhaltenssteuerung". Davor darf Politik nicht zurückschrecken. Darauf hat im Übrigen auch das Bundesverfassungsgericht ausdrücklich hingewiesen, denn: Was bis zum Jahr 2030 für den Klimaschutz geplant sei, reiche bei weitem nicht aus. Das Klimaschutzgesetz verpflichte dazu, Treibhausgas-Emissionen bis 2030 um 55 Prozent, im

Vergleich zu 1990, zu mindern. Hohe Lasten für die Reduzierung der Emissionen würden jedoch auf die Zeit nach 2030 verschoben. Das führe dazu, dass nach 2031 „Minderungen dringender und kurzfristiger" realisiert werden müssten, um die Ziele der Pariser Umwelt-Konferenz zu schaffen. Das aber bedinge „zu hohe Lasten" für künftige Generationen.

Das heißt: Es muss mehr passieren, jetzt. Vor allem beim Autoverkehr. Mehr Menschen zum Umsteigen auf Bus, Bahn und Fahrrad zu ermuntern, dafür werben Dirk Messner und Tim Schubert vom Umweltbundesamt. In Zukunft brauche es eine bundesweite „fahrleistungsabhängige und verursachergerechte Straßennutzungsgebühr" – eine City-Maut für Autos. London, Oslo und Stockholm hätten damit „positive Erfahrungen" gemacht.

Droht mit der Maut wirklich der Weltuntergang? Hitzig geführte Debatten lassen manchmal den Eindruck entstehen. Davor darf Politik nicht zurückschrecken – selbst wenn die meisten im Rathaus gleich die Hände über dem Kopf zusammenschlagen und sofort das eigene Ende vor Augen haben.

Man kann es drehen und wenden wie man will: Für viele bedeutet der Umbau auch Verzicht auf liebgewordene Privilegien: Dann wäre die uneingeschränkte Vorfahrt für Pendler und andere Automobilisten perdu. „Grüne Welle" sollte Frankfurt künftig Fußgängern, Radfahrern und dem öffentlichen Nahverkehr verschaffen. Orientiert an New York und dem Reformer des Stadtraums, Jan Gehl, will Frankfurt den Menschen in den Mittelpunkt stellen. Damit lässt sich eine lebenswerte und klimafreundliche Stadt schaffen. Ein vielversprechendes Ziel.

Privilegien für Autofahrer abschaffen, heißt nicht – die Pendler im Stich lassen. Autofahren ist für viele von ihnen auch ein liebgewordenes Ritual. In der eigenen Karosse das Büro anzusteuern, gehört zum gewohnten Start in den Tag. Daran zu rütteln, ist eine gewaltige Aufgabe. Da gilt es, Alternativen schmackhaft zu machen: Car-Sharing, Busse und Bahnen. Es muss sich einiges tun. Und wer sich öfters in runtergekommenen Stationen und verschmutzten U-Bahnen bewegt, weiß, es besteht Handlungsbedarf. Auch bei den Preisen für Tickets. Wenn es um das Sicherheitsgefühl in den Bahnen geht, kann sich Frankfurt ein Beispiel an Amsterdam nehmen. Dort sorgen zusätzliche Schaffner in den Waggons für das Gefühl, in einem geschützten Raum zu sein. Spätestens, wenn irgendwann Pendler auf der eigens eingerichteten Trasse für Radfahrer von Frankfurt nach Darmstadt unterwegs sein werden, gibt es keinen Zweifel mehr – das Velo oder E-Bike kann auch für längere Strecken eine echte Alternative sein.

Warum sollte die Verkehrswende nicht auch in Frankfurt klappen? Gelingt in Barcelona, Paris und New York doch auch. Da gucken alle hin: Von großen Städten aus entstehen Erwartungen. Darüber, wie es mit der Mobilität in Zeiten des Klimawandels weitergeht.

Frankfurt kann das auch. Zumal, wenn sich die Stadt auf ihre Tradition besinnt. Und Tempo macht.

Frankfurt bietet den großen Vorteil, eine überschaubare Stadt zu sein. Mit kurzen Wegen. Die ideale Stadt für Radfahrer. Eigentlich. Wenn da irgendwann nicht mehr all die Autos sind. Und der Traum von der fahrradgerechten Stadt wahr wird: Radlers Traum – Frankfurt.

Die Radstreifen sind erst der Anfang der Geschichte ...

Darin spielt auch die Macht der Gefühle eine Rolle. Wie Talking Heads-Sänger David Byrne schreibt: „Ich fahre nicht überall mit dem Fahrrad hin, weil es ökologisch und angemessen ist, sondern hauptsächlich, weil es mir ein berauschendes Gefühl von Freiheit vermittelt."

Danke!

„Radlers Traum – Frankfurt" wäre wohl nicht entstanden, wenn Radlerinnen, Schrauber und Rad-Freaks nicht immer wieder zum Ausdruck gebracht hätten, dass sich aus einem solchen Traum ein lohnendes Projekt machen lässt. Vor allem aber danke ich Naomi Naegele, die das Buch durch hartnäckige Fragen, ständige Ermunterungen und kluge Kommentare vorangebracht hat. Die Korrekturen hat Christine Fellner mit großer Umsicht und feinem Gespür für regionale Besonderheiten besorgt. Ein ganz besonderer Dank gilt Anna Hofmann und Kathrin Baumgartner, die dem Buch einen tollen Rahmen gegeben und für richtig gute Laune gesorgt haben. Anna Hofmann fertigte mit viel Liebe zum Detail die großartigen Illustrationen an.

Anna Hofmann

Matthias Arning

... träumt bis heute den Peugeot-Traum. Das waren Fahrräder. Heute eine Rarität. Nach dem Abitur zog es ihn an den Main, wo er neben dem Studium bei der „FR" anheuerte und sich als radelnder Lokalreporter der Krötenwanderwege in Schwanheim und der frühen Maut-Ideen für Pendler im Nordend-Ortsbeirat annahm, bevor er sich als Politik-Redakteur den Themen der restlichen Welt zuwandte: Dem Nahen Osten, der Entschädigung der NS-Zwangsarbeiter, dem Klimawandel ...
Mit seiner Familie lebt er in Frankfurt, liebt die Stadt, das Fahrrad und schreibt Bücher: Frankfurt für Anfänger, Frankfurts Eintracht, Radlers Traum ...

Gigi hat ihren Platz in der Loge. Ein Ort von erhabener Qualität: Annas Fahrradkorb. Anna findet, dass der Hündin das auch zusteht. Vor vier Jahren hat sie Gigi aus einem Heim geholt, jetzt ist Gigi sieben Jahre alt und kommt überall mit. Nach Hause in Frankfurt, ins Atelier nach Offenbach. Dort ist Anna Hofmann seit dem Studium an der Hochschule für Gestaltung oft unterwegs. Sie ist Illustratorin, Grafikerin, Bildhauerin und macht auch Animationen, etwa für Musikvideos. Sie illustriert regelmäßig für das „Zeit Magazin" und hat eine große Vorliebe für Kartoffeln mit Grüner Soße und für Tiere. Gigi ist auf jeden Fall immer dabei. In ihrer Loge ...

Naomi Naegele

... hat ein eher pragmatisches Verhältnis zum Fahrrad und steigt bei garstigem Wetter auch gerne mal um: mit dem Velo in die U-Bahn. Morgens radelt sie durch den Sinai-Park, um ins Büro zu kommen. Auf diesen Wegen entstand die Idee für ihr erstes Kinderbuch: „Die Drei vom Dschungel". Sie hat in Frankfurt und Madrid Literatur- und Theaterwissenschaften studiert, als Reporterin für Zeitungen und das Radio gearbeitet, Büchersendungen moderiert und Filme fürs Fernsehen gemacht. Als Redakteurin beim HR betreut sie das Kultur-Magazin TWIST (arte).
Mit ihrer Familie lebt Naomi Naegele in Frankfurt am Main, in der Nähe des Dschungels.